メディアは死んでいた

検証　北朝鮮拉致報道

序章に代えて

北朝鮮による日本人拉致事件の取材を始めて、今年で40年目を迎えた。

「日本海の方で変なことが起きている」――1979（昭和54）年初秋、新米の事件記者が耳にした一言が取材の端緒だった。

《アベック3組ナゾの蒸発　外国情報機関が関与？》の記事が、まだカタカナ題字だったサンケイ新聞一面に掲載されたのは80年1月7日。38年前だった。

横田めぐみさん拉致事件の初報となった《「20年前　13歳少女拉致」　北朝鮮亡命工作員証言》の記事が漢字題字の産経新聞一面に掲載されたのは、それから17年後、97年2月3日のことだった。

浜辺で楽しく語らう若い男女、下校途中の少女、買い物に出かけた母娘らが次々に襲われ、工作船に乗せられ、海の向こう1000キロ近くも離れた北朝鮮へと連れ去られる――「ありえない事件」だった。しかし、拉致事件の特異さを際立たせているのは、そうした犯罪の形だけではない。

もう一つ、ある。繰り返された理不尽極まりない蛮行を日本社会とメディアが長く放置してきたことだ。

産経新聞の第一報は「虚報」とされ、この重大な人権侵害、主権侵害の国家犯罪への関心が広がることはなかった。大半の国民が、拉致は事実、という共通の認識を持つまでに、なんという長い年月を要したのか、思いもよらぬ曲折を経ねばならなかったのか。

人により拉致事件の存在を知った時期に10～20年もの隔たりがあるのは、なぜなのか——。責の過半は新聞、テレビなどマスメディアの不報（報じないこと）が負うべきである、と自戒を込めて思う。

歴史に「もし」「たら」はないが、もし、あの時、メディアが一斉に報じていたら、今とは違う、今よりずっと良い結果に至っていたのではないか、との思いがぬぐえない。一度ならずあった契機に目をつぶり、拉致疑惑の存在を否定、黙殺し続けた事実を消すことはできない。

この間、産経新聞の一連の拉致報道に対する誹謗《ひぼう》を幾度も見聞した。インターネット上にも事実と異なる情報が散見される。反論もせず、訂正を求めることもしてこなかった。通常、事件取材の経緯は明かさないのが原則だ。

しかし、拉致事件に限れば、どう取材したか、しなかったか、どう報道したか、しなかったか、が正しく記憶されるべきだと思うようになった。それらをも全て含めて拉致事件と考えるからだ。

手元に残る資料などを改めて精査し、記憶の糸を手繰ってみると、当時は気づかなかったいくつかの事実も見つかった。口外せずにきたことも少なからずあった。

昨冬、拉致現場の一つ、新潟県柏崎市の中央海岸を再訪した。荒々しくうねる日本海を前に思った。

北朝鮮が拉致を認め、謝罪したにもかかわらず、全面解決の兆しは見えない。事件が風化しつつある今、私なりの40年目の検証を書き残すことが、老いた元新聞記者にできる最期の仕事ではないか。

本書を書き始めたころ、訃報が入った。

鹿児島県日置郡（現日置市）の吹上浜から拉致された増元るみ子さんの母、信子さんが亡くなった。享年90。家族会結成の日（97年3月25日）に東京でお会いした夫の正一さんが16年前（2002年）、「わしは日本を信じる。おまえも日本を信じろ」と家族に言い残して逝ったことを思い出す。

未帰国の政府認定拉致被害者12人のうち、親が健在なのは横田めぐみさんと有本恵子さんだけになってしまった。横田滋さん85歳、早紀江さん82歳、有本明弘さん89歳、嘉代子さん92歳。時間が、ない。

2018年春

元産経新聞社会部記者　**阿部雅美**

目次

恋人作戦
共通点
接岸地
背乗り
掲載見送り
柏崎
夏の意味
1面トップ
宇出津事件
だまされ拉致
黙殺

第二章

メディアが死んだ日

お墨付き
続報
赤塚不二夫
遺留品破棄
辛光洙

第三章

産経も共産党も朝日もない

フグ
任務完了
免許証
逮捕
李恩恵
88年3月26日
梶山答弁
幻
自責の念
金丸訪朝団
ソウル出張
金賢姫
田口八重子
朝日・毎日訪朝団
共産党の同志
双子の情報

第四章

いつまで〝疑惑〟なのか

第五章

金正日が私の記事を証明した

2種類の風
タブー
追跡
自爆スイッチ
ターニングポイント
欧州ルート
U書店
1枚の写真
よど号
八尾証言
国会決議
不破発言
政党
電撃訪朝
謝罪
断定

年	月	北朝鮮と拉致事件をめぐる動き	世の中の動き
1948 昭和23	9月	金日成氏が朝鮮民主主義人民共和国（北朝鮮）樹立を宣言	帝銀事件（1月） 東京裁判判決（11月）
～1950 ～25	6月	北朝鮮が38度線を越えて韓国に侵攻、朝鮮戦争勃発	警察予備隊発足（8月）
		警視庁が、日本海沿岸などから侵入した北朝鮮スパイを相次いで大量摘発（55年ごろまで）	マッカーサー司令官解任（51年） 日本が主権回復（52年）
53 28	7月	朝鮮戦争が休戦	「バカヤロー」解散（3月）
59 34	12月	在日朝鮮人帰還事業スタート（84年まで）	皇太子さま（現在の天皇陛下）ご成婚（4月）
～1960 ～35		浜坂事件（60年）、寝屋川事件（64年）、東大阪事件（68年）、濁川事件（75年）、水橋事件（80年）など、**日本に侵入していた北朝鮮スパイの摘発相次ぐ（80年ごろまで）**	安保改定デモ広がる（60年） 東西ドイツ国境にベルリンの壁（61年） キューバ危機（62年）
63 38	5月	**漁に出た寺越武志さんら3人が日本海で行方不明**	ケネディ米大統領暗殺（11月）
65 40	6月	日韓基本条約締結、韓国を朝鮮半島唯一の合法政府と認める	米軍が北爆開始（2月）
68 43	1月	北朝鮮特殊部隊がソウル潜入、朴正煕大統領暗殺狙う	東京で3億円事件発生（12月）
70 45	3月	**よど号ハイジャック事件、犯人らが北朝鮮に亡命**	大阪で万国博覧会開幕（3月）
71 46	8月	韓国特殊部隊が反乱（シルミド事件）	横綱大鵬が引退（5月）
1974 49	6月	**在日朝鮮人の2児拉致。母親は殺害**	三菱重工爆破事件（8月）
	8月	朴正煕夫人暗殺、北朝鮮が関与（文世光事件）	長嶋茂雄が現役引退（10月）
1977 52	9・19	**能登半島で久米裕さんをだまして拉致（宇出津事件）**	日ソが200海里漁業協定（5月）
	10・21	**鳥取県米子市で、松本京子さん拉致**	王貞治が本塁打世界記録（9月）
	11・15	**新潟市で、横田めぐみさん拉致**	日本赤軍が日航機ハイジャック（9月）

年		月	出来事	世相
1978	53	6月	**都内の飲食店に勤務していた田口八重子さん拉致** **神戸市内の飲食店に勤務していた田中実さん拉致**	過激派の占拠で成田空港開港延期（3月） キャンディーズ解散（4月） サンシャイン60完成（4月） 日中平和友好条約締結（10月） 大平正芳内閣発足（12月） 米中が国交正常化へ（12月）
		7・7	**福井で地村保志さんと浜本富貴恵さん拉致**	
		7・31	**新潟で蓮池薫さんと奥土祐木子さん拉致**	
		8・12	**鹿児島で市川修一さんと増元るみ子さん拉致** **佐渡島で曽我ひとみさん、ミヨシさん拉致**	
		8・15	**富山でアベック拉致未遂**	
1979	54	10月	朴正熙大統領暗殺事件	三菱銀行北畠支店で猟銃人質事件（1月） インベーダーゲーム大流行
		秋	阿部雅美記者が拉致事件発覚につながる取材開始	
1980	55	1・7	**産経新聞が3アベック失踪を報道。「外国情報機関の関与」を指摘**	ポール・マッカートニー大麻所持で逮捕（1月） 早大入試問題漏洩事件（3月） 新宿西口でバス放火事件（8月） イラン・イラク戦争勃発（9月） 山口百恵、結婚引退（11月）
		3月	国会で公明党議員がアベック失踪を質問、警察庁は関連性否定	
		5月	韓国で学生デモ隊を軍が鎮圧（光州事件） **欧州に留学中の石岡亨さん、松木薫さん拉致**	
		6月	**大阪の飲食店に勤務していた原敕晁さん拉致（辛光洙事件）**	
1983	58	7月	**欧州に留学中の有本恵子さん拉致**	東京ディズニーランドが開園（4月） NHK連ドラ「おしん」がブーム
		10月	ラングーンで爆弾テロ。韓国要人ら21人死亡	
85	60	2月	**韓国が北朝鮮の辛光洙工作員を逮捕。原さん拉致も明らかに**	ソ連書記長にゴルバチョフ氏（3月） 日航123便墜落事故（8月）
		8月	富山アベック拉致未遂事件が公訴時効、遺留品を廃棄	
1987	62	1月	**寺越さんの叔父から家族へ手紙「北朝鮮で暮らしている」**	国鉄の分割民営化（4月） ニューヨーク株式市場が大暴落（10月）
		11月	**大韓航空機爆破事件。偽造日本旅券所持の男女を拘束**	

1988	63	1月	**大韓航空機事件の実行犯、金賢姫工作員の教育係「李恩恵」が日本人拉致被害者だった可能性浮上**	東京ドームが開場(3月) リクルート事件発覚(6月) 昭和天皇のご病状が悪化(9月) プロ野球南海、阪急が身売り(10月) 日経平均株価が3万円を突破(12月)
		3・26	**国会で梶山静六国家公安委員長がアベック失踪を「北朝鮮による拉致の疑いが十分濃厚」と答弁。政府が北朝鮮の拉致関与に初言及**	
		7月	韓国の盧泰愚大統領が北朝鮮と融和を図る「7・7宣言」	
		9月	**石岡亨さんから実家に手紙。「松木さん、有本さんと平壌にいる」** ソウル五輪が開幕、北朝鮮は参加せず	
1989	平成元	7月	土井たか子、菅直人両衆院議員らが辛光洙容疑者釈放を求める要望書を韓国に提出	ベルリンの壁が崩壊(11月)
1990	2	9月	自民・社会両党代表団(金丸信団長)が訪朝	ソ連初代大統領にゴルバチョフ氏(3月) イラクがクウェート侵攻(8月)
		12月	産経新聞が金賢姫元工作員にインタビュー	
1991	3	1月	日朝国交正常化交渉開始	湾岸戦争勃発(1月) 雲仙普賢岳で大火砕流(6月) ソ連邦が崩壊(12月)
		4月	毎日新聞取材団が金日成主席と会見。拉致問題には触れず	
		5月	**警察当局が「李恩恵」を田口八重子さんと断定**	
1992	4	3月	朝日新聞取材団が金日成主席と会見。拉致問題には触れず	新型新幹線「のぞみ」が運行開始(3月) PKO法成立(6月)
		11月	李恩恵問題めぐり、日朝国交正常化交渉が中断(00年4月まで)	
93	5	5月	北朝鮮が準中距離弾道ミサイル「ノドン」を日本海に向け発射	Jリーグが開幕(5月)
94	6	7月	金日成主席が死去、金正日総書記に代替わり	松本サリン事件発生(6月)
1995	7	3月	連立3与党訪朝団(渡辺美智雄団長)が訪朝	阪神・淡路大震災発生(1月) オウム真理教の麻原彰晃容疑者逮捕(5月)
		6月	北朝鮮にコメ支援開始	
		2・3	**産経新聞が横田めぐみさん拉致を実名で報道。国会でもめぐみさんらの拉致問題が実名で取り上げられる**	

西暦	平成	月	出来事	世相
1997	9	2・7	**西村眞吾衆議院議員の質問主意書に対し、政府が「6件9人」の拉致被害者を認める初の答弁書**	中国の鄧小平氏死去(2月) 消費税が5%に(4月) 神戸で児童連続殺傷事件(6月) 英ダイアナ妃が事故死(8月) 長野新幹線が開業(10月) 山一証券が経営破綻(12月)
		3月	**「北朝鮮による拉致被害者家族連絡会」(家族会)結成**	
		4月	「北朝鮮拉致疑惑日本人救済議員連盟」(旧拉致議連)結成	
		5月	**警察庁が、めぐみさん含む「7件10人」を認定する国会答弁**	
		9月	産経新聞が拉致疑惑報道で新聞協会賞受賞	
		11月	与党代表団(森喜朗団長)が訪朝	
1998	10	2月	金大中氏が韓国大統領就任。北朝鮮に対し「太陽政策」	大蔵省接待汚職事件(1月) 長野冬季五輪が開幕(2月) サッカーW杯仏大会、日本が初出場(6月) 和歌山で毒物カレー事件(7月)
		4月	有識者らによる「救う会」が発足	
		6月	北朝鮮赤十字が拉致疑惑を全面否定	
			日本共産党が兵本達吉氏を除名	
		8月	北朝鮮が中距離弾道ミサイル「テポドン」発射、日本列島を越える	
1999	11	3月	家族会が初めて小渕恵三首相と面会	EUがユーロ導入(1月) 石原慎太郎氏が都知事に当選(4月) 米軍普天間基地の名護市移転が決定(12月)
			能登半島沖に北朝鮮の不審船。自衛隊が初の海上警備行動	
		12月	超党派議員団(村山富市団長)が訪朝	
2000	12	6月	北朝鮮と韓国が初の南北首脳会談	小渕恵三首相が死去(5月) 沖縄サミット開催(7月) 日本赤軍・重信房子容疑者が大阪で逮捕(11月)
		10月	北朝鮮にコメ追加支援。家族会は座り込みなど抗議	
		11月	日本共産党が党大会に朝鮮総連幹部招く。北朝鮮との関係改善へ	
2001	13	5月	金正男氏が成田空港で拘束、国外退去処分	大阪にUSJ開業(3月) 大阪で付属池田小事件(6月) 米中枢同時テロ(9月)
		11月	朝銀の資金流用疑惑で、朝鮮総連中央本部を警察が家宅捜索	

01	13	12月	奄美大島沖で北朝鮮不審船を海上保安庁が追跡、銃撃戦に	
2002	14	1月	ブッシュ米大統領が、北朝鮮、イラクなどを「悪の枢軸」と批判	雪印食品牛肉偽装事件（1月） 田中真紀子外相が更迭（1月） 学校の完全週5日制スタート（4月） サッカーW杯日韓大会が開幕（5月） 田中耕一さんらがノーベル賞（10月）
		3月	**有本恵子さん拉致が法廷で明らかに。「拉致問題を棚上げして正常化交渉はありえない」と小泉純一郎首相**	
			朝鮮赤十字会が日本人不明者の調査再開を発表	
		4月	**国会が全会一致で日本人拉致疑惑の早期解決を求める決議を採択**	
			旧拉致議連が解散、新拉致議連結成	
		8月	小泉首相の訪朝発表	
		9・17	**日朝首脳会談で北朝鮮が拉致を認め謝罪。被害者は「5人生存、8人死亡、1人入国せず」と説明**	
		10・15	**地村保志、富貴恵さん夫妻、蓮池薫、祐木子さん夫妻、曽我ひとみさん帰国**	
2003	15	1月	拉致被害者支援法が施行	横綱貴乃花が引退（1月） イラク戦争勃発（3月） 米軍がフセイン元大統領拘束（12月）
			支援法に基づき、拉致被害者が10件15人に	
		3月	家族会が訪米（9月も）	
2004	16	5月	**小泉首相が再訪朝。地村・蓮池夫妻の家族が帰国**	イラクに陸上自衛隊派遣（2月） 新潟県中越地震発生（10月） 一万円札など20年ぶりに一新（11月）
		7月	**曽我さんが夫のジェンキンスさんや娘とジャカルタで再会、帰国**	
		12月	日朝実務者協議で北朝鮮が提供した横田めぐみさんの「遺骨」がDNA鑑定で別人と判明	
		3月	福井事件の実行犯として辛光洙容疑者を国際手配	
		7月	北朝鮮が弾道ミサイル7発を日本海に向けて発射	

西暦	平成	月	出来事	社会の動き
2006	18	9月	政府による拉致問題対策本部設置。初代担当大臣は塩崎恭久氏	東京地検がライブドアを強制捜査（1月） 第1回WBCで日本が優勝（3月） 第1次安倍晋三内閣が発足（9月） 改正教育基本法が成立（12月）
		10月	北朝鮮が初の地下核実験	
		11月	**政府認定の拉致被害者が12件17人に** 米国人監督による映画「めぐみ」が公開	
08	20	6月	日朝実務者協議で北朝鮮が「再調査」を表明	リーマン・ショック（9月）
2009	21	3月	田口八重子さんの兄、飯塚繁雄さんらが金賢姫元工作員と韓国で面会	オバマ米大統領が就任（1月） 民主党に政権交代（9月）
		10月	自民党政権時の拉致問題対策本部を廃止、新たな対策本部設置	
11	23	12月	金正日総書記が死去、金正恩氏が権力継承	東日本大震災発生（3月）
2014	26	3月	横田さん夫妻がモンゴルで、めぐみさんの娘と対面	韓国でセウォル号沈没（4月） 朝日新聞が慰安婦強制連行記事取り消し（8月）
		5月	日朝政府間協議ですべての拉致被害者の再調査などを盛り込んだ「ストックホルム合意」。北朝鮮は再調査を行う特別調査委員会設置	
2016	28	2月	日本政府が北朝鮮の相次ぐ核実験や弾道ミサイル発射などを受け独自制裁強化。北朝鮮は対抗措置として特別調査委解体を発表	熊本地震発生（4月） オバマ米大統領が広島訪問（5月）
2017	29	2月	金正男氏がマレーシアで暗殺	トランプ米大統領が就任（1月） 国会で森友学園問題（2月） テロ等準備罪法が成立（6月） 国会で加計学園問題（7月）
		5月	韓国大統領に文在寅氏当選	
		8月	北朝鮮がミサイル発射実験。北海道上空通過	
		9月	北朝鮮が6度目の核実験	
		11月	**家族会のメンバーら17人と来日したトランプ米大統領が面会**	
		12月	増元るみ子さんの母、信子さん（90）、曽我さんの夫ジェンキンスさん（77）が死去	

2018		
30		
2月	3月	4月
平昌五輪が開幕、開会式に北朝鮮要人らが出席	米朝首脳会談実現に向けて「合意」	韓国の文在寅と北朝鮮の金正恩の両氏が板門店で南北首脳会談

装　丁　伏見さつき
DTP　佐藤　敦子
写　真　産経新聞社

※文中の年齢、肩書、呼称、所属政党は当時。年月経過の理解のため、原則として西暦を使用する。

第一章

日本海の方で変なことが起きている

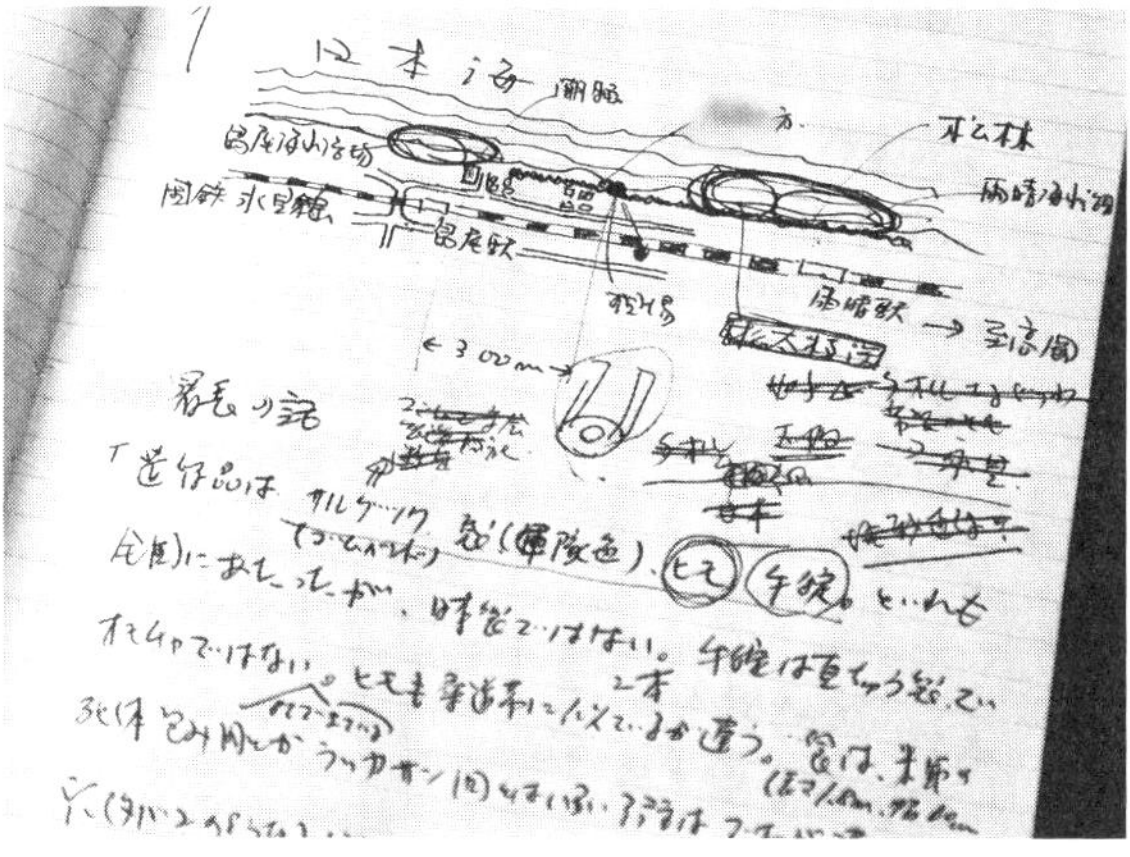

偏った空気

スマートフォンどころか携帯電話さえ手元になかった昔のことなので、どんな時代だったか、少し説明したい。

１９７９（昭和54）年、ダサい、ナウい、キャリア・ウーマンといった言葉がはやり、ウォークマン、ぶら下がり健康器がヒット商品だった。

大人たちまでが夢中になったインベーダーゲームの流行が続いていた。レコード大賞はジュディ・オングの「魅せられて」。映画「銀河鉄道９９９」が観客を集め、「ドラえもん」のテレビ放送が始まった。

プロ野球の広島東洋カープが初めて日本一になり、大学入試の共通一次試験がスタートしたのも、この年だった。秋の衆院選挙で自民党は過半数に届かず、党史上最大の危機といわれた激しい派閥抗争が起きた。

朝鮮半島に目を転じる。

朝鮮戦争の休戦後も南北の一触即発の緊張が続き、60年代後半から70年代にかけ、互いに首領の暗殺を狙った。

まず68年1月、銃と手榴弾《しゆりゆうだん》で武装した北朝鮮の特殊部隊員31人が休戦ラインを突破してソウルに潜入し、大統領官邸青瓦台に迫った。察知した韓国軍との銃撃戦で29人が射殺された。

報復として韓国は金日成《キムイルソン》主席暗殺計画をたて、こちらも同人数31人の特殊部隊を創設。半島中西部の無人島、実尾島《シルミド》で極秘の訓練を続けた。ところが、急速に南北融和が進むと暗殺計画は撤回され、特殊部隊そのものが存在しなかったこととされた。劣悪な待遇もあり、部隊員たちの不満が爆発。71年8月、反乱を起こして島を脱出し、バスを乗っ取って青瓦台へ直訴に向かった。軍、警察との銃撃戦で20人が死亡した。映画「シルミド」で、よく知られた話だ。

74年8月にソウルで起きた在日韓国人・文世光による朴正熙《パクチヨンヒ》大統領暗殺未遂事件も、北朝鮮の関与が明らかになっている。

その後、南への武装浸透を図る北の兵士と韓国軍の間で小規模な衝突が繰り返され、軍事境界線を越える南侵トンネルが見つかったりしたが、おおむね小康状態が続いた。

日本のマスメディアの半島報道は、どうだったか。

韓国に対しては、自由主義、民主主義という価値基準に照らして軍事独裁、圧政と批判し、その打倒を掲げた民主化運動へのシンパシーに満ちていた。漢江《ハンガン》の奇跡と呼ばれる高度成長を成し遂げた朴政権の功績面に触れることも少なかった。

一方で、同じ価値基準に照らせば、言論の自由も結社の自由もない北朝鮮に対しては、その独裁体制を問題にすることはなかった。完全なダブルスタンダードだった。75年にベトナム戦争でサイゴンが陥落して米国が負けると、この傾向に拍車がかかった。

日朝間では59年に始まった在日朝鮮人や日本人妻らの北朝鮮への帰還事業が継続していた。初期は、日本のほぼ全メディアが、この事業を後押しした。

産経新聞も例外ではなかった。

日本社会は、そうした報道を反映して「地上の楽園」（注・朝鮮総連＝在日本朝鮮人総連合会＝が最初に使った言葉とされる）とたたえられた北朝鮮に甘い、偏った空気に、ずっと覆われていた。

ただし、偏った、というのは、今だから言えることで、当時は、国民の多くが、ごく自然に、疑うことなく、その空気を吸っていた。

今日と違い、北朝鮮の人々の惨状に関する情報は極端に少なく、多くの日本人と同じように私も、北朝鮮に特段の悪い印象を持っていたわけではなかった。

現在、政府が認定している12件17人の北朝鮮による日本人拉致は77年からひそかに始まり、続発していたのだが、日本社会のだれも気づかずにいた。

夜回り

産経の場合、当時、記者は地方の支局勤務を経て本社にあがり、さまざまな部署に割り振られた。私は群馬・前橋支局を終えて東京本社編集局社会部配属となった。

最初は俗に言うサツ回り。

警視庁管内には9（現在は10）の方面本部があり、それぞれの中核警察署に報道各社が呉越同舟する記者クラブが置かれていた。ここを拠点に事件事故だけでなく、いわゆる街ネタも拾う。

私は池袋を中心とする第5方面担当。一番の思い出は、わが国で初めての「山下さんちの五つ子ちゃん」取材だった。鹿児島の病院で誕生したのだが、間もなく、5方面管内の日本大学板橋病院に4カ月余、入院したのだった。

方面勤務の年季が明けると、事件向きと判断された者は〝花の警視庁〟に移り、初めて事件記者になる。

私は、後に《ソ連、共産党独裁を放棄へ》の国際的スクープで新聞協会賞を受賞することになる同期入社や、連載《毛沢東秘録》で菊池寛賞を受けることになる後輩ら優秀な人材に遅れて、事件記者の仲間入りをした。

警視庁といえば別称「桜田門」だが、79年当時、桜田門の警視庁庁舎は建て替えの最中だった。西新橋にあった仮庁舎（三井物産館）の報道各社に割り当てられた薄い板壁のボックスと呼ばれる、2段ベッド付きの狭い部屋に、キャップ以下10人ほどの記者が机を並べる。

犯罪の種類によって担当部署が分かれた。私は刑事部捜査2課（知能犯）・4課（暴力団・総会屋）担当を経て、先輩記者と2人で警備部・公安部を担当していた。

31歳。経験10年で一人前とされた時代にあって、まだ駆け出しだった。

成田空港は前年の78年に開港して反対運動は下火に向かい、初の日本開催となった6月の東京サミット（先進国首脳会議）も無事に閉会した。警備・公安の懸案事件は特になかったが、そんな時でも夜間に関係者の家を訪ねる夜回り（俗にいう夜討ち）をするのが、事件記者の習性だった。

警視庁の刑事とはかぎらない。警察庁、公安調査庁（公調）、内閣調査室（内調）……。夜回り先はいろいろだったが、公安関係者の口は職務の性質上、一様に堅かった。

昼間、勤務時間に話を聞けばいいではないか、と思われるかもしれないが、そうはいかない。刑事たちが詰める部屋の入り口にはカーテンが下がり、記者たちも立ち入り禁止だった。官舎に住む幹部たちは別として、そもそも刑事の名前や住所を知ること自体が難しい。同じ警視庁でも、その前に担当した刑事部とは、まるで違った。公安警察はベールに厚く包まれた特殊な世界だった。

法律上の守秘義務がある人から捜査上の秘密を聞き出す。因果な仕事だ。

家を訪ねても居留守を使われ、会える確率は2、3割。よほどの幸運がなければ、かろうじて禅問答のような会話を交わすことさえ容易ではない。室内に招き入れてもらったり、囲碁に興じたりすることなど年に何度もなかった。

ライバル社に抜かれる（スクープされる）懸念もあって、毎晩、深夜まで夜回りをした。当時の事件記者なら誰でもそうだったろうが、休みらしい休みを取った記憶がない。

こうした非生産的で不健康な仕事をバカらしく思ったら、とても事件記者はやっていられない。大きなスクープも地道な仕事の積み重ねから生まれる。

やりがいのある仕事ではあったが、事件担当も4年目に入ると、そろそろ〝卒業〟したくなる。

そんな時、とりとめのないやりとりの中で、つぶやきを聞いた。

「日本海の方で変なことが起きている」

変なことって、何ですか、とは問い返さなかった。「知るか！」と、怒鳴り飛ばされるのがオチだったからだ。

変に思われるかもしれないが、実際、後述するように、その夜から2カ月ほどたって、その人に電話口の向こうから「知るか！」と一喝されることになる。

地方紙

日本海の方で起きている、という「変なこと」が、何なのか。見当もつかなかった。思い当たることは、なかった。

ニュースに必要とされる5W1H（When＝いつ、Where＝どこで、Who＝だれが、What＝何をした、Why＝なぜ、How＝どのように）の要素のうち、分かっているのは「Where」、それも「日本海の方」だけでは雲をつかむような話だった。

もし、他に事件でも抱えている忙しい時期であったならば、そのまま放っておいただろうが、警備・公安担当記者は、たまたま暇だった。特に昼間は手持ち無沙汰で、喫茶店や映画館で仮眠しながら時間をつぶすこともあった。

地方紙でものぞいてみるか。

そう思い立ったのは、ごく軽い気持ちからだった。ありがたいことに東京では国立国会図書館と日比谷公園内にあった都立図書館が全国の地方紙を数年分所蔵していた。

果たして「変なこと」が地方紙で報じられているのかどうか。何のアテもなかったが、他に術《すべ》もなく、昼下がりの散歩がてら警視庁仮庁舎から日比谷の図書館へ何日か通った。たとえ「変なこと」が見つからなくても、誰に叱られるわけでもなかった。

日本海と一口に言っても、海岸線は長い。青森の「東奥日報」を手始めに北から順に沿岸の県紙を閲覧した。

今のようなデジタルでの記事検索システムなどはないから、とじ込み紙面の社会面をめくった。「秋田魁《さきがけ》」「山形新聞」「新潟日報」「北日本新聞」「北國《ほっこく》新聞」「福井新聞」……。

どこの県でも事件、事故の記事は毎日それなりにあるが、世の中に「変なこと」など、そうはない。結局、コレというものは見つからず、徒労に終わりかけたが、日に留まった記事が1つだけあった。

1年以上も前、78年8月16日付の北日本新聞（富山）朝刊社会面。前日の終戦の日に東京・九段の日本武道館で行われた全国戦没者追悼式の模様を伝えるトップ記事の横に、その5段記事はあった。

《高岡の海岸　4人組が若い男女襲う　手錠かけ寝袋覆う》

リードは、こうある。

「15日夕、海水浴をしたあと高岡市の松太枝浜《まつだえはま》と氷見《ひみ》市島尾海岸の中間の松林を散歩していた若い男女に、四人組の男たちが襲いかかり、手におもちゃの手錠をかけたり、頭から寝袋をかぶせて身動きできないようにさせ、そのまま逃げ去った。被害に遭った二人は、間もなく付近の民家に助けを求め、保護されたが、高岡署では悪質な『逮捕監禁・暴行傷害事件』とみて捜査している」

手首にかすり傷を負った被害者の男性（27）と女性（20）はAさん、B子さんの仮名だった。記事を引用させていただく。

「四人組の犯人は、Aさんの両手におもちゃの手錠をかけ、さらにゴム製のさるぐつわのようなものをかぶせ、（中略）濃いグリーン色の寝袋らしいものを頭からすっぽりかぶせた。また、B子さんの両手をなわで後ろ手にしばりあげ寝袋をかぶせ、男たちはそのまま逃げた」

「Aさんらの話によると、犯人四人は、いずれも三十五歳前後で一人は白色のはだ着にステテコ姿、一人はめがねをかけ、頭髪はパーマネント、あとの二人は青色のズックをはいていた」

人を生きたまま袋に押し込む。手錠をかける。あまり聞いたことのない手口だった。犯人たちが「そのまま逃げた」というくだりは、一体、どういうことなのか。さっぱり分からない。

夜回り先で聞いた「変なこと」とは違う気もしたが、妙な事件であることは確かだった。

新聞記者になって8年、さまざまな事件を取材してきてはいたが、首をかしげるようなことは、めったにない。

そもそも、4人もの男たちは袋詰めにした若い男女をどうしようとしたのか。興味をそそられた。

拉致事件の取材は、ここから始まった。

いくつかの偶然に出会うことになるのだが、この記事との出会いが、その最初だった。あの日からの過ぎし40年を、なんと表現すればいいのか、適当な言葉が見つからない。いろいろなことが、ありすぎた。

富山県警

北日本新聞で見つけた「逮捕監禁・暴行傷害事件」を調べに富山県へ向かった。北陸新幹線や上越新幹線は、まだ開業していなかった。

何事もなければ、それはそれでいい。通常の刑事事件と分かれば、公安担当記者の出番ではない。誰に命じられたわけでもない。ショルダーバッグにノートとカメラをほうり込んで、初めての土地への気楽な出張だった。

北朝鮮という国のことなど頭の片隅にもなかった。拉致報道に政治的意図など微塵《みじん》もなかったことが、お分かりいただけると思う。産経は公安警察とタッグを組んで北朝鮮を狙い撃ちにした、といった〝分かりやすい解説〟が、いまなお一部にまかり通っている。笑止のウソだ。

以下、富山の「逮捕監禁・暴行傷害事件」の取材経過を少し長く書くのは、この事件が決定的に重要だからだ。

この事件がなければ、拉致報道はしなかった、できなかった、とさえ思う。言い換えれば、拉致を未遂に終わらせてしまい、犯行グループが目撃されたり、現場に遺留品を多数残したりしたことは、犯人側にとって重大なミスだった。未遂との因果関係は分からないが、この事件を最後にアベック拉致は起きていない。

79年初秋、私は事件現場を管轄する高岡署へ向かう前に富山県警本部に立ち寄り、本部長室を訪ねた。

なぜ、いきなり本部長なのか、不思議に思う向きもあるだろう。本部長は、いわゆるキャリア組の国家公務員。彼らに共通の関心事である警察庁の人事情報を東京で事前に仕入れ、それを手土産にアポなしでトップに直当たりする——いつのまにか身についた取材技法の一つだった。不在ならば諦めればいい、それだけのことだ。

「静かなもんですよ。東京からわざわざ取材に来るような事件なんて、何もないですよ」

窓から立山連峰が望めたと記憶する部屋で、記者の来訪をいぶかる本部長に北日本新聞で読んだ「逮捕監禁・暴行傷害事件」の話を切り出した。

「そんな事件、確かにありましたな。覚えていますよ。単なるチンピラなどの事件ではないでしょうが、わざわざ東京から取材に来るような事件じゃないですよ。細かなことは……」

富山に限らず、本部長は県下で日々発生している小さな事件の詳細までは知らない。「東京からわざわざ……」を繰り返した。おとぼけではない証拠に、その場で担当部署へ電話をかけてくれた。

「逮捕監禁・暴行傷害事件」は刑事部の担当だった。本部長は「わざわざ東京から来た」記者に、差し支えない範囲で話してやるよう、部下の刑事に指示してくれた。

発生からすでに1年余が経過していた。捜査は行き詰まり、事実上、迷宮入りしていた。そして何より、当初から地元の記者たちさえ興味を示さない、ちっぽけな事件だったから、「差し支えない範囲」は広く、幸いした。

全国版に載せるような事件ではない。発生時の新聞の扱いを見る。読売は、北日本新聞と同じ78年8月16日付の富山版ベタ（1段）記事で《アベック襲われる　スキ見て通報、無事》とある。

朝日は1日遅れの17日付富山版に3段で《散歩の男女襲われる　高岡の海水浴場　両手縛り袋詰め》とあった。内容は北日本新聞の記事と変わらないが、犯行動機を警察見解として「悪質ないやがらせか、乱暴を目的とした犯行とみている」としていた。

北日本新聞にも《有力手掛かりなし》の続報で「犯人たちは最初から女性に乱暴することを計画」とあった。

土地勘のある者たちによる犯行か、素行不良者をリストアップといった、この種の事件報道にお決まりの続報が地元紙にはあったが、それも間もなく途絶えた。外国がらみの犯行をにおわせる記事は、どこにもなかった。

県警本部での刑事の話で私が最も興味を持ったのは、多様で異様な遺留品だった。発生時の各紙には、おもちゃの手錠、寝袋、サルグツワのようなもの、なわ、とあるが、実際には2人を別々に押し込めたモスグリーンの布袋、ひも、タオル、手錠、その連結金具、サルグツワ、サンバイザー、バスタオルなど8種類ほどあった。

事件現場

「これだけのブツ（遺留品）があれば、いけると思ったんだけどねえ。品触《ぶ》れの手配書も全国にまいたけど……」

〝いける〟とは犯人にたどり着ける、という意味だ。品触れ、とは警察用語で、盗品の可能性のある品物などの特徴を質店や古物商などに触れ示すことだ。

「まるで、ダメだった」

富山県警の本部長も刑事も、同じことを言った。

1年間、地道に続けた遺留品追跡捜査の結果、タオル1本だけは大阪府内で製造され、富山県内でも売られていたことが突きとめられたが、他の品々は奇妙な壁に突き当たったという。販売ルートや製造元が絞り切れなかったのではない。日本国内では製造も販売もされていない。輸入品にも該当はなかった。

つまり合法的には日本には存在するはずのない品ばかりだった。例えば金属製の手錠。おもちゃではなかった。精巧な本物なのに国内で使われているどの手錠とも異なる。柔道の黒帯のように見えたひもも、そうではなかった。

アベックを押し込んだ、たばこの火によるとみられる穴がいくつも開いたモスグリーンの布袋は寝袋ではなかった。戦時中に米軍が死体運搬に使ったものではないか、落下傘に使われる布ではないか、という見方もあったが、違った。

「どれも工業のひどく遅れた国で作られた粗悪品だった」

刑事は、そう言った。

奇怪だ。普通の犯罪ではない、と感じ始めた。

「外事ですかね」

外事とは外国諜報機関のスパイ活動を指す警察用語だ。工業のひどく遅れた国、という言葉からの単純な連想にすぎないが、その問いに刑事はうなずかなかった。

「外事？　そんなこと（記者から）聞かれたこと、一度もないよ。まあ、可能性の一つとしてはあるだろうが、否定材料も多いんでね。だいたい（犯行時間が）明るすぎる。場所が悪い。釣り人に、犯人の方から声をかけている。日本語しか話していない……」

いまさら記事になることなどない、と思っていたからだろうか、刑事の話には地元の紙面には載っていないことも少なくなかった。

「それにね、動機が、まったく分からない。見当がつかない。一体、何をしようとしたのか。こんな外事事件、あると思うかね」

捜査資料の中にあった遺留品の写真も見せてもらえた。警視庁では考えられない親切さに助けられた。別れ際、実直そうなベテラン刑事は念を押すように言った。40年近くたっても、耳に残る。

「確かに変な事件だけど、外事だなんて、ウチじゃあ一言も言ってないからね」

アベックの拉致未遂事件があった富山県高岡市・雨晴海岸の現場（1979年、阿部雅美撮影）

（旧）北陸本線から分岐して高岡市と氷見市を結ぶローカル鉄道氷見線は富山湾に沿って走る。氷見の手前に島尾という小さな駅がある。

降り立って東へ歩くと、潮の香りがしてきた。5分ほどで雨晴海岸《あまはらし》だ。源義経が奥州へ落ちのびる途中、にわか雨がやむのを待ったと伝えられる岩があり、地名の由来になっている。地元では島尾海岸とも通称していた。ここが「逮捕監禁・暴行傷害事件」の現場だった。

眼前に日本海の海原が広がる。白砂青松の美しい海岸線が長く延び、富山湾越しに立山連峰が望める景勝地だ。

遠く冠雪した3千メートル級の山々を眺めながら海水浴が楽しめる、日本では珍しい浜辺と聞いていたが、私が取材した日は、あいにくの曇天で、防風の松林が続く秋の浜に人影はなかった。

民家が点在する。当てずっぽうに、海に一番近い家を訪ねた。そこが、手錠をかけられ、サルグツワをされ、頭からすっぽり布袋をかぶせられたAさんがウサギ跳びで助けを求めたお宅だった。

1年以上も前の出来事を、主人ははっきり覚えていた。

オバQ

「ちょうど盆だった。夜7時前でした。次男の嫁が風呂から上がったとき、風呂場の戸にドンドンと体当たりするような音がしたんです。驚いた嫁が外へ出たら、袋の中から、助けてくれ、と。私も外へ出ると、何というか、袋に詰められた人が立っていて、そう、まるで漫画のオバQ（オバケのQ太郎）みたいだった。あんまり奇妙なので、一瞬、噴き出したくらい変な格好だった。何事かと思いましたよ。袋を脱がしてやると、顔に妙なもの（サルグツワ）をつけていて『助けてくれ。彼女も襲われた。捜しに行く』って言う。ウチの次男と2人で浜へ行ったけど、（女性は）見つからなかった」（当時の取材ノートから）

Aさんが助けを求めた民家の主人が、オバQみたい、と酒屋のチラシの裏に描いてくれた絵が取材ノートに挟まっている。

B子さんは、タオルでサルグツワをされ、後ろ手にひもで結わかれていた。袋詰めにされたあと、犯人たちはカムフラージュのためか、松の枯れ枝を袋にかけたという。しばらくして周囲に犯行グループの気配がしなくなったように感じたB子さんは、自力で袋から脱出し、線路の向こう側の民家へ助けを求めて無事だった。主人が110番すると、すぐにパトカーが5台も来たという。

「後から分かったことですが、実は、夕方5時半から6時にかけて、ウチの家族も事件があった浜で遊んでいて、犯人たちを見たんです。ここは海水浴場と海水浴場の中間で、土地の者しか来ないんですが、そのときは散歩をする水着姿のアベックと、4、5人の男たちを見かけたそうです。男たちは白いシャツにステテコ姿。浜をウロウロしていた。地元の者は、そんな格好はしない。見かけたこともない。なんか、日本人じゃない感じだったって言うんです」(同)

周辺取材をすると、富山県警本部で聞いた通り、事件前、キス釣りをしていた人が、犯人グループの一人から日本語で話しかけられていたことが確認できた。

「釣れますか?」

日本人じゃない感じの犯行グループには、日本語のできる者がいたことになるが、そのこと自体は、むしろ自然に思えた。

犯人たちが、どこから集まってきたのか、分からないが、多少とも日本語が話せる者がいなければ、こんな場所まで怪しまれずに来て、犯行に及ぶことは難しいのではないか。そう感じた。

ただ、犯行前の現場で犯人が自分の方から釣り人に声をかけていたことには、私も県警の刑事同様、首をかしげた。外事事件であろうと通常の刑事事件であろうと、普通、犯人は、そんなことはしないだろう。

「大胆なのか、杜撰《ずさん》なのか、訳が分からない」と高岡署の刑事は言った。先手を打って日本語で話しかけることで、怪しまれずに済む、日本人グループの犯行と見せかけられる、という深謀遠慮と考えることもできたが、分からない。

遺留品だけではなく、犯行現場での犯人たちの服装も行動も、普通ではなかった。犯人たちが、どうして日本人じゃない感じ、といえるのか。「目撃した家族が言うには、全体の感じから、ですよ。分かりますよね、なんとなく」と主人は言った。なんとなく、分かる気はした。

いったん東京に戻り、元赤坂の日本ゴム協会・ゴム工業技術員会を訪ねた。遺留品の中で一番気になったゴム製のサルグツワについて、もっと知りたかったからだ。筒をくり抜いた不気味な形状で、口にあたる部分に呼吸ができるように穴が開き、両耳もふさげる。こんな異形のサルグツワは見たことも聞いたこともなかった。

「富山のサルグツワ？　ああ、あの変なヤツですね。うちで鑑定しましたよ。天然ゴムの手製です。使われているゴムは日本にはない粗悪なものです。輸入？　日本は、あんなゴム、輸入なんかしませんよ。工業のひどく遅れた国にしかないでしょう」

ここでも「工業のひどく遅れた国」だった。どこですか、との問いに「断定はしませんが、まあ、ご想像の通りでしょう」と言う。

私は、ある国を思い描き始めた。

被害者証言

翌日、富山にUターンすると、危うく魔の手から逃れて助かった高岡市内の被害者宅を探した。なんとか名字を聞き込み、電話帳をめくると同姓が市内に3軒あった。当時の取材ノートに番号が並んでいる。順にダイヤルを回し、家人の応対ぶりから見当をつけた。記者の基本中の基本だが、それだけでも結構な手間がかかる。

犯人たちの人相・風体、犯行の状況を一番知るのは襲われた当人たちだ。事件当時、2人は婚約中だった。あの日、海岸に近いホテル「潮騒」で初めての顔合わせをし、和やかに歓談した両家の親族たちが、気をきかせて若いカップルだけを浜に残して散会した。事件は、海水浴を楽しんだ2人が、防風林近くに止めておいた乗用車へ戻ろうとしたときに起きた。

会って話を聞くしかない。すでに所帯を構えていたが、1年過ぎても得体《えたい》の知れない恐怖は、2人から消えていなかった。無理もない。だれが、何の目的で、自分たちをどうしようとしたのか。皆目、分からないままなのだ。

再び襲われるのではないか。怖くて、とても取材には応じられないという2人に代わり、両親が若夫婦から聞いた話をしてくれた。犯行グループを絞り込むうえで、ひとつひとつが貴重な証言だった。

「犯人たちは日本人ではないようでした」

目撃者の話と一致する。最も大事なことだった。なぜ、日本人ではないように見えたのか。

「全体の感じ、だそうです」

海辺の家と同じ答えが返ってきた。

「赤銅色に日焼けして、たくましそうだった。役割分担しているようで手際が良く、訓練されているようだった」

組織的な犯罪をうかがわせる。犯人たちは袋詰めにした2人を担いで松林へ運び、30メートルも離れた所に別々に転がした。

「無言だったそうです。話した言葉は（B子さんに）、たった一言だけ。『静かにしなさい』と言ったそうです。日本語です。体を触ったりすることは、まったくなかった」

同じ命令形であっても、「静かにしなさい」は乱暴な手口に似合わない。地元の新聞には「静かにしろ。騒ぐと殺すぞ」と脅したとあった。それが、こうした場面での日本の定番セリフだ。

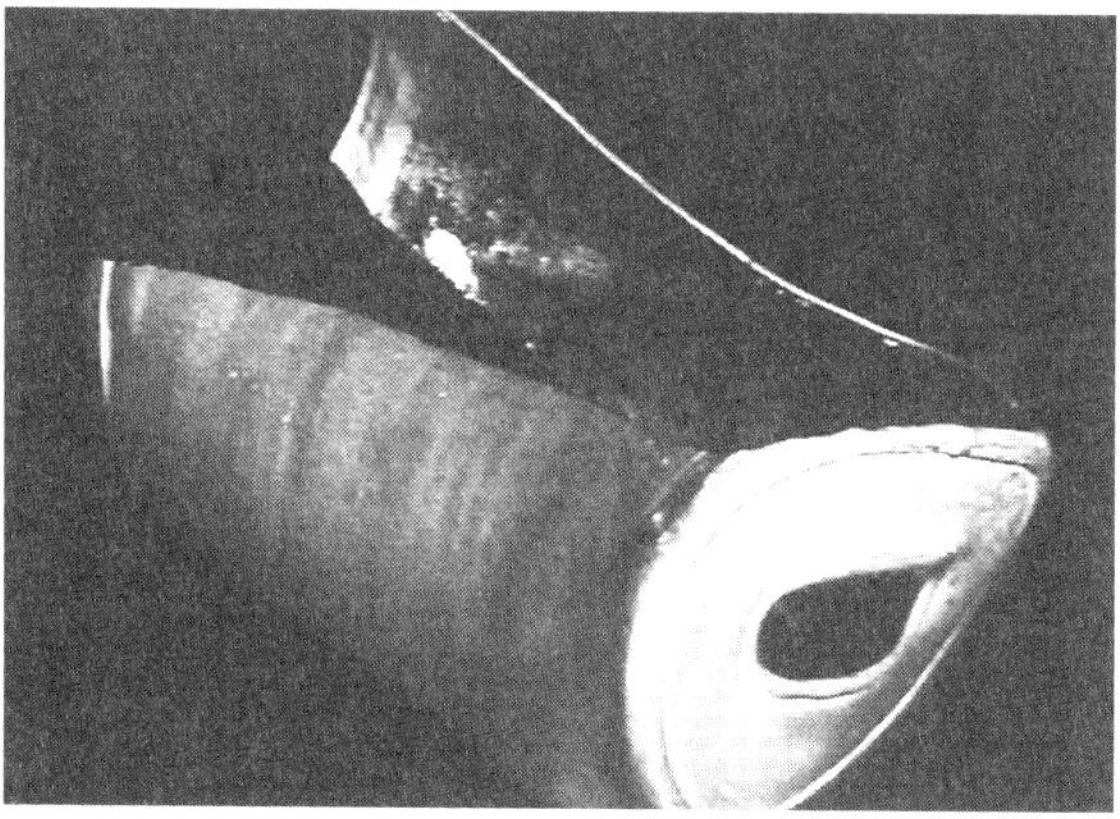
富山の未遂事件で犯人グループが残した特殊なサルグツワ

「？　『静かにしなさい』、ですか。記憶違いじゃないですか。『静かにしろ』、じゃないですか」

「いえ、『静かにしなさい』、の一言だそうです」

新聞記者は一応、言葉を扱う職業だ。どうでもいいことかもしれなかったが、犯行に似つかわしくない丁寧な言い回しが、その後、ずっと頭の隅に引っかかった。

　合点がいったのは、それから20年以上も後のことだ。

――海岸で近づいてきた犯人が日本語で「すいません、たばこの火を貸してもらえませんか」と話しかけ、いきなり顔を殴ってから「静かにしなさい」と言った――

　新潟事件の被害者、蓮池薫氏が帰国後に、そう語っていた。

　同じだ。腫れ上がるほど強く顔を殴っておきながら「静かにしなさい」は、普通ではない。日本語を話すことと、そのニュアンスも含めて使いこなすこととは別なのだろう。

高岡市でのAさんの両親への取材は続いた。

「(2人が転がされた)松林の道を犬を連れて散歩する人がいたようだった。犬の鳴き声がしたら、間もなく犯人たちがいなくなった気配がしたそうです」

犯人たちが、なぜ、男女を放置したまま、すぐに現場からいなくなったのか、東京・日比谷の図書館で「逮捕監禁・暴行傷害事件」の記事を最初に読んだときから腑《ふ》に落ちなかったが、犬のせいだったのだ。ようやく納得した。犬を散歩させていた子供の口笛で逃げたという話もあるようだが、ここは当人たちの話を優先する。

「犯人たちは、じっと何かを待っていたようだった」

現場に立つと、車を浜に乗り付け、誰にも気づかれずに袋詰めの2人をさっさと連れ去ることは、ごく簡単に思えた。一刻も早く犯行現場を離れたいのが、犯人心理ではないのか。なぜ、そうせずに、何を待っていたのか。これも普通ではない。

不審船

事件発生から1年余。捜査は、どこまで進み、どのように終わったのか。最も詳しいはずの富山県警高岡署長に会った。

「難解な事件だ。犯人たちは(日本人ではない)東洋人には間違いない。真夏の午後6時半といえば、まだ明るい。日没まで袋に入れた2人を運ぶのを待っていたフシがある。車でどこかに運ぶつもりだったのかもしれない。いずれにしても極めて計画的であり、犯人たちの対応は通常のこうした類の犯罪とは、どこか違っている」（取材ノートから）

警察は事件当夜、午後7時半には富山県下全域に緊急配備して車両の検問を実施したが、空振りに終わった。

現場周辺に不審車の目撃情報はなく、前足（犯行前の足取り）、後足（犯行後の足取り）ともに、つかめなかったという。

前足については、県警で「前日も犯人グループを浜で見かけたという情報もある。飲酒したような跡がある」とも聞いたが、警察でも確認が取れていないようだった。

白シャツ、ステテコに青色で底の白いズック靴。地元では見かけない、異様な風体の中年男たち4人（注・現在は5、6人という説が有力だが、当時の地元警察の発表を優先する）が煙のように消えたのだった。

こうした取材結果は逐一、東京の警視庁記者クラブに詰める先輩記者に電話で報告した。

「通常のこうした類いの犯罪とは、どこか違っている」

高岡署長は、そう言ったが、私と先輩記者の見立ては、どこか、どころではなかった。仮に犯罪にも常識というものがあるとすれば、その域をはるかに超えていた。特異性は明らかだった。自分は、とんでもないことに首を突っ込んでしまったのではないか。不気味さは感じたが、好奇心が勝った。行けるところまで行くしかない。

「車でどこかに運ぶつもりだったのかもしれない」

署長の話をメモ帳で読み返しながら、違うことを考え始めていた。車ではないのではないか。ひょっとして、船ではないのか。2人を連れ去ろうとした「どこか」は、大阪でも東京でもなく、現場の前に渺茫《びょうぼう》と広がる海の向こうではないのか。

港湾関係者、伏木町（現・高岡市）の海上保安部、富山湾に面した石川県七尾市の漁業関係者に聞き回った。

結論を言えば、事件のあった夏に限らず、近海での不審船目撃情報は20年以上も前からあった。そのほとんど全てが北朝鮮の工作船と、地元ではみていた。中国、韓国の工作員が船で密入国を図った、といった事例は1件もなかった。

北朝鮮工作員が、まるで自分たちの庭先でもあるかのように日本海を往来し、密出入国を繰り返していることは、沿岸に暮らす人々には常識に近かった。問題は「逮捕監禁・暴行傷害事件」直近の不審船目撃情報だった。

問い合わせた警察では「ない」と明確に否定したが、取材の結果、「あの日、沖合に見かけない変な船が停泊していたのを見た。日本の船ではない」という人に、1人だけだが、やっと出会えたことが、当時の取材ノートに書いてある。

電波関係の取材もした。平壌放送によるラジオでの暗号放送とは別に、北朝鮮工作員の連絡用怪電波が日本海を飛び交っていることは、公安担当記者の常識として知っていた。

「あのころ（78年夏）に限ったことではありませんよ。怪電波は、しょっちゅう飛んでるんです」

北朝鮮工作員による日本人拉致を、私が、はっきり意識したのは、このころだった。

工業がひどく遅れた国で作られたいくつもの遺留品、日本人ではない妙な服装の東洋人たち、訓練を積んだ精悍《せいかん》な4〜6人、「静かにしなさい」の一言、すぐにアベックをさらって逃げなかった男たち、じっと何かを待っていた男たち、不審船目撃情報、怪電波情報——。

高岡市内の安宿で取材結果を反芻《はんすう》整理しながら、すべてが一つの方向、北、を指し始めたように感じた。

むろん、他のさまざまな可能性にも思い巡らせたが、どんなに想像をたくましくしても、それ以外の犯罪に至ることはなかった。勝手な思い込みではないのか。何度も自問したが、足で集めた事実からの自然な推認だった。

動機

特別な取材をしたわけではない。現場の聞き込みや目撃者、被害者の証言取材は事件記者のイロハだ。次々に湧く疑問を解きながら取材さえすれば、記者であれば誰でも同様の結論に行き着いたはずだと、今も思っている。

ただし、富山県警でも高岡署でも北朝鮮という国名は一度も耳にしなかった。

事件から1年たっても、海へ拉致しようとした、北朝鮮の犯行だと警察が考えなかったのはおかしい、と思われるかもしれない。しかし、それは今だから言えることだ。

弁護するわけではないが、警察は隠蔽《いんぺい》していたわけではない。日本人を襲って船で北朝鮮へ連れ去るなどという事案は戦前、戦後を通じて1件も明らかになっていなかった。まったくの想定外だった。

今、警察を批判することは容易だが、当時は仕方がなかった、と私は思っている。たとえ富山県警の刑事のように「一つの可能性」として考えたとしても、「動機」という分厚い壁に阻まれると、とても先には進めず、後戻りせざるをえなかっただろう。

富山で「逮捕監禁・暴行傷害事件」と北朝鮮工作船を結びつける人に出会うことは、ついになかった。

拉致事件を振り返る際に大事なことの一つは、拉致が周知のこととなっている今の常識ではなく、当時の常識で事件を見ることだと思う。私が書いているのは、「今」のことではない。

富山で、念のために確認しておかなければならないことが、まだ残っていた。

もしAさん、B子さんの2人、あるいはどちらかが計画的に狙われたのであれば、事件は全く別の方向を向く。その可能性を除くため、2人が特別の交友、技能、経歴、思想の持ち主ではなく、どこにでもいる若い男女であることを周辺で確かめさせていただいた。これは重要なことだった。連れ去るのは誰でもよかった、ということにつながるからだ。

それなりに計画、準備した大掛かりな犯行であったことは、犯行に加わった人数、用意した遺留品類などから明らかだった。たまたま、今回は犬に邪魔されて失敗したが、果たして、それで終わりだろうか。簡単に諦めるとも思えない。

連れ去る日本人が誰でもよいのなら、他の海岸でもやっているのではないか。未遂ではなく、成功した既遂もあるのではないか。

犯行動機が分からない、という致命的な欠陥があることは承知していたが、的外れの推理とは思わなかった。

「あのまま連れ去られていたら、ウチの2人は家出ということになったのでしょうか？」

未遂事件被害者、Aさんの母親に問われ、答えに窮した。犯行が計画通りに行われ、2人が蒸発していたら、どうなっていたのか。読者のみなさんにも、ぜひ、自分のこととして思い描いていただきたい。

——帰宅の遅い2人。携帯電話などはないから、連絡はとれない。家族は最初、「そのうちに帰るだろう。もう少し、待ってみよう」と思うだろう。それでも帰らない2人を心配し、手分けして捜し始めるのは早くても深夜だろうか。浜は真っ暗で、捜しようもない。

2人は、どうしたのか。事件か、事故か。警察へ通報するかどうか、親族間ですぐには結論が出ず、夜が明けるまで、待つかもしれない。家族たちは、眠れぬ一夜を過ごすだろう。

警察に届けると、事件・事故両面からの捜査が始まる。早ければ翌日から報道が始まるかもしれない。「男女、行方不明」だろうか。2人は水着姿だった。遊泳中に溺れたのでは、と海の捜索も行われるが、何一つ見つからない。いなくなった2人の浜での目撃証言が得られ、同時に見かけない男たちがうろついていたことが分かるのは、いつだろうか。

しかし、たとえそれが分かっても、彼らと2人の「蒸発」との接点は何もないのだ。遺留品もない。誰が北朝鮮工作員による拉致などと思うだろうか。時だけがたつ。3カ月、半年、1年。家族たちは、どんな思いで過ごしただろうか。やがて家出人捜索願を出すよう、警察からアドバイスされる……。

私の勝手な空想ではなかった。福井、鹿児島、新潟で家族たちが同様の体験をしたことを、間もなく知ることになる。

読売記事

ひょっとしたら「あのまま連れ去られたケース」「家出として処理されているケース」があるのではないか。

富山の拉致未遂事件の被害者、Aさんの母親の「あのまま連れ去られていたら、ウチの2人は家出ということになったのでしょうか?」という言葉を聞きながら、そう思った。

富山で取材中、福井や鹿児島でも似たようなことがあったらしい、という風聞情報を何度か耳にしていた。伝聞の伝聞であったりしたため、どこがどう似ているのかさえ、まったく分からなかった。

どうするか、思案しながら東京の警視庁記者クラブに戻ると、先輩記者から新聞記事のコピーを渡された。

「おい、こんなの、あったぞ」

富山の未遂事件から4カ月ほど後の78年12月9日付読売新聞夕刊の社会面記事。掲載日からは10カ月以上が経過していた。

そこに報じられていたのは、福井と鹿児島でアベック2組がナゾの蒸発をしたことだった。【福井】のクレジットが入り、福井県警が主語になっているので、福井支局の記者が書いたと思われる。富山の事件にも言及していたが、3ケースの概略と40行足らずの記事なので、詳しくはない。

文中に拉致も北朝鮮もないが、今にして思えば、この記事を書いた読売の記者は私同様に拉致事件の入り口に立ったのだ。

なぜ、多くの不審な遺留品があり、目撃者もいる富山の未遂事件の現地取材をしなかったのだろうか。なぜ、その先へ進まなかったのだろうか。

その理由は、実は記事自体から読み取れる。

新聞には地域ごとにいくつもの版があり、同じ記事でも扱いが異なり中身も変わる。

私が先輩記者から渡された東京版の記事には、「日本海沿岸などではこれまで、密入国事件などがしばしば起こっているだけに、地元では組織的な機関による犯罪説も流れている」とあった。

「組織的な機関」という表現にドキリとした。

ところが、同じ日の大阪版夕刊では「日本海沿岸などでは」以下がなくなっていた。

手元に保管してきた翌10日付朝刊早版への「返し」と呼ばれる差し替え記事では「日本海」以下が「地元では、暴力団などによる組織的な犯罪説も流れており、ナゾは深まっている」と変わっている。

他紙のことなので事情は分からないが、拉致の入り口から一晩で引き揚げていた。

この記事の存在は、それまで知らなかった。記者仲間や夜回り先で話題になったこともなかった。

富山県警に福井、鹿児島の件を問い合わせると、新聞に載っているくらいだから、当然、知っていたが、「他県のことは、よく分からないな」といった反応だった。

富山で耳にした風聞の元が、読売の記事かどうかは不明だが、このとき、私と先輩記者の視野にはっきりあったのは、すでに「ナゾの蒸発」ではなかった。むろん、女性への乱暴目的でもなく、暴力団がらみの犯罪でもない。

「北朝鮮工作員による日本人拉致」だ。取材続行を決めた。

ここに至る拉致取材の端緒について、これまで取材源秘匿のため意図的に内容をぼかしてきたが、これが最後なので、気を配りつつ事実を書いた。読売の記事の件も口外したことはなかったが、「返し」記事を含め正確に書いた。

富山の未遂事件だけでは、恐らく記事にすることはなかったと思う。

福井、鹿児島であったというアベックのナゾの蒸発が事実だとしても、果たして北朝鮮工作員による拉致の疑いがあるのかどうか。

取材結果次第だった。遠方への出張取材にあたり、若い男女は一体どんなときに突然姿を消すのか、考えた。

家出（駆け落ち）か、心中か、事故か、事件か——。北朝鮮による拉致以外の可能性をどこまでつぶせるか、私の関心は、その一点にあった。

秋深まる若狭、薩摩へ。最初に富山を訪ねたときのような気楽な気分ではなかった。

家出人

本書を書くにあたり、拉致関係の資料をつめた段ボール箱をひっくり返すと地図の束が出てきた。富山、福井、鹿児島、新潟、石川の分県図、新潟市、柏崎市の市街図……。方向音痴なので、その土地の全体像をざっとつかんでからでなければ安心して取材に行けないたちだった。

出張先の駅に着くと、何はともあれ、売店で地図を買った。その後の町村合併などもあり、40年前の地図など何の役にも立たないが、地図に書き入れた◯印を追うと、当時の取材がよみがえる。

福井県小浜市。若狭湾に突き出る内外海《うちとみ》半島の付け根、阿納《あの》という集落に◯がついている。浜本富貴恵さんの実家だ。

京都府舞鶴市と福井県敦賀市を結ぶＪＲ小浜線の小浜駅からタクシーで20分足らず。富貴恵さんの年の離れた親代わりの兄、雄幸さんが美しい湾に面した民宿を経営していた。雄幸さんは船で漁にも出るという。たくましく日焼けしていた。

地村保志さんの実家があった山寄りの集落、飯盛にも地図に〇印がある。都会ではもう見ることがない茅葺《かやぶき》屋根の家だった。テレビの上に保志さんの笑顔のカラー写真が飾られていたと記憶する。

いとおしい息子を「やっちゃん」と呼ぶ母親、と志《し》子さんの話によると「やっちゃん」は若狭高校卒業後、神戸の大手造船会社に就職したが、2年で帰郷。週3回職業訓練所に通いながら、大工仕事の手伝いをしていたという。

庭先に軽トラックが止まっていた。保志さんが、この車で浜辺の民宿へ富貴恵さんを迎えに来たのは78年7月7日の午後6時ごろだったという。当時2人はともに23歳。七夕デートだった。

富山の未遂事件より1カ月ほど前の出来事だった。

「遅くならないうちに帰ります」

そう言い残して楽しそうに出かけた2人だったが、そのまま帰らなかった。親族は訳の分からないまま、海岸沿いを捜し回ったが、乗って出た軽トラックも見つからなかった。3日ほどして、地元警察から電話がかかった。

「いつまで放置しておくんだ。早く、かたづけてくれ」

軽トラックは市街地からそう遠くない青井海岸近くの、海を見下ろす展望台にキーを付けたまま、タイヤを縁石に乗り上げて乱暴に止められていたのだった。

浜本家の門限は午後10時。2人は9時前まで、以前のデートでも立ち寄ったことのある海岸沿いを走る国道脇のレストランで食事をしていたことが確認されたが、その後の足取りはつかめなかった。

地村さん、浜本さんが訪れていた福井県小浜市の展望台（1979年、阿部雅美撮影）

両家への取材で次のことが分かった。
保志さんの仕事仲間の大工さんの紹介で2人が知り合ったのは3カ月前。6月末に結納が交わされ、11月に小浜市内の文化センターで挙式の運びだった。新居も雇用促進住宅に決まり、両家も若い2人を温かく見守っていた。
「結婚が決まり、『俺、一生懸命働くよ。お金ためるんだ』なんて張り切っていたんです。『新婚旅行は北海道にしようか、九州の別府にしようか、彼女と相談してるんだ』って、とても楽しそうだった。やっちゃんは小心で、とても家出をするような子じゃないんです」（と志子さんの話、取材ノートから）
「貯金が200万円ほどあったのに、まったく手が付けられていないんですよ。警察が家出人として扱っているのが、大変不満です。何者かに連れ去られたのだと思います。まだ、どこかに生きているような気がして、あきらめがつかんのです。全国にチラシをまいたのに、情報は1件もない、鹿児島でも同じようなことがあったと警察で聞いたけど、関連は話してくれないので、何も分からない。何の手がかりもなく、手の打ちようがない」（雄幸さんの話、同）

若狭湾一帯は、いわゆる原発銀座だ。地元では、近くの大飯《おおい》原発の労働者の犯行ではないか、といった根も葉もない噂が、しきりに流れていた。

恋人作戦

鹿児島のケースは、次の通りだった。

市川修一さん、増元るみ子さんは78年8月12日、デート中に行方を絶った。福井で地村さんらが行方不明になってから1カ月ほど後のことだ。

当時修一さんは23歳、るみ子さんは24歳。修一さんの義兄の紹介で交際を始めて2カ月。「吹上浜へ夕日を見に行く」と車で出たまま帰らなかった。地図に○印が付く吹上浜は、鹿児島市から薩摩半島を東西に横切って西へ約30キロ、東シナ海に面した県内で最も有名な海水浴場だ。

2人が乗って出た乗用車は浜に近い松林のロータリーで見つかった。そばに修一さんが義兄に借りて履いて出かけたサンダルが片方だけ落ちていた。捜索の警察犬は2人のにおいをたどって波打ち際まで行ったという。家族たちは毎日、吹上浜へ通い、松林に新しい小道ができるほど、捜し回った。

市川さん、増元さんが拉致された鹿児島県吹上町（現・日置市）の吹上浜（1979年、阿部雅美撮影）

車に残されたカメラのフィルムを現像すると、2人が吹上浜に近い湖畔でお互いを撮りあった笑顔のスナップ写真など15枚が写っていた。太陽が作る影の角度から、撮影時刻は午後6時30〜40分と推定できた。

「家出をする者が、こんな楽しそうな写真を撮るでしょうか。当日の日没は午後7時4分。2人は浜辺で日が水平線に沈むのを見たはずです。その直後に何かが起きたに違いない」（修一さんの義兄の話、取材ノートから）

「『このシャツ、るみ子さんからのプレゼントなんだ』なんて、うきうきしていました。『午後10時までには戻る』と言っていたんですが……」（修一さんの姉の話、同）

鹿児島市の天文館通りや指宿、桜島なら多少の土地勘はあったが、薩摩半島の西側となると、何の知見もなかった。カナヅチということもあって、もともと、海は苦手だ。吹上浜を訪れた夕刻、潮が足元近くまで満ち、砂浜は狭かった。海底がすぐに深く切れ落ちているように感じ、年がいもなく足がすくんだ。夏なら大層美しい所なのだろうが、拉致取材で訪ねたどこの海岸より殺風景だった。写真を撮ると早々に浜を離れた。

当夜、海岸近くのキャンプ場には400人以上の行楽客がいたというが、誰一人、2人を見かけた者はいなかったという。

本書に繰り返し、当時の取材ノートが登場する。表紙に、いかにも軽薄なタイトルが付いている。「恋人作戦」。警視庁クラブで机を並べる同僚記者であっても、担当が違えば、どこへ出かけ、何をしているのか、お互いに知らない。知られてはいけない。それが不文律だった。北朝鮮による拉致事件の潜行取材を気づかれないように、先輩記者が発案し、2人だけの符丁で拉致取材を「恋人作戦」と言い換えていたのだ。いまさら変えるわけにもいかない。

「やっぱり家出したんだ」

「心中らしいよ。みっともないんで内緒にしてあるらしい」

失踪から1年。蒸発当初は地元の新聞にも大きく報じられ、大掛かりな捜索も行われたが、私が訪ねたころの家族たちは、心ない風評に、ただじっと耐えているように見えた。申し訳なかったが、福井でも鹿児島でも、そうした家族の感情を逆なでしかねない、立ち入った質問を、失礼承知でさせていただいた。

「あんた、一体、東京から何しに来たんだ！　何で変なことばかり聞くんだ」

厳しく叱られたのは福井の地村さん宅だったように記憶する。

こうした取材では、臆病なほどの慎重さで、むしろ自分が思い描くシナリオと合致しない情報を探すのが記者の鉄則だ。若者たちが親にも言えない悩みを抱えている、といったことはありうるからだ。報道はギャンブルではないから、どんなに些細《ささい》なことでも、それらしきものが見つかれば記事は書けない。書かない。取材は終わりだった。

結論から言えば、福井も鹿児島も家出や心中の可能性は限りなくゼロに近かった。調べれば調べるほど、逆に、自らは決して蒸発しない理由ばかりが増えていった。

行方不明時、警察のほか地元の消防団、青年団らが総出で陸海から大規模な捜索をしていた。鹿児島では巡視艇まで加わったという。

共通点

事故や通常の事件に巻き込まれた可能性については警察の見解を信頼するほかはない。地元でしか分からないことも多くあるからだ。たとえば水難事故ならば、潮の流れから、どこに遺体が流れ着くか、まで分かるという。

素行不良グループ、暴力団などの犯罪に巻き込まれたのではないか……。

だが、1年以上捜査を続けてきていた地元警察は、福井でも、鹿児島でも、「それは、ない」と言い切った。

「ここには暴走族も暴力団もいない。見かけることもない」

「アベックをからかうヤツはいるかもしれないが、ここいらじゃ、この300年、凶悪事件なんて一度もないんだ」

300年、という大仰な言い方に面食らった。

鹿児島では、よく当たると評判の占い師に依頼したところ「2人とも殺されて山に埋められている」とお告げがあり、署員が総出で近くの山で穴を掘ったが見つからなかった、と警察で聞いた。署長が真顔で言うのだった。

「神隠しって、本当にあるんですかね」

「UFOって、科学的に、どうなんですか」

そう聞かれて、答えに困ったこともあった。

「うーん、どうなんですかね。専門家じゃないので……」

アベックのうち女性を上海で見かけた、ソウルの夜の街で見たといった情報がある、という話も何度か耳にした。

福井県小浜市で地村保志さんと一緒に行方不明になった浜本富貴恵さんの兄、雄幸さんは「つい1週間ほど前にも警察から、香港にいるという情報があるが、どうか、と問い合わせてきた」と言った、と取材ノートにメモ書きが残る。

繰り返しになるが、当時は北朝鮮による日本人拉致は1件も発覚していなかった。人身売買の犯罪組織にさらわれて売り飛ばされた、という方が、はるかに現実味があった。

仮に外国にそうした組織があったとしても、周囲に日本人観光客はいくらでもいるのだから、わざわざ日本から連れて行く必要などまったくないことは明白だが、ソウル出張取材まで検討したことを記憶する。たとえ〝マユツバ〟な情報であっても、可能な限り、つぶさなければならない。

発生から1年以上たっても、そんな状態だった。

今ごろになって、初めから北朝鮮の犯行だと思っていた、などという人がいる。「初めから」とはいつからなのだろうか。

福井、鹿児島での取材を通じ、神隠し、UFOの仕業という言葉は共通して幾度も聞いたが、北朝鮮という国名は警察からも一度として出なかった。地元報道にもなかった。「工業がひどく遅れた国」の異様な遺留品や、「日本人じゃない感じ」の犯人たちが目撃され、被害者証言もある富山でさえ、そうだったのだから、何一つない福井、鹿児島でアベック蒸発を「北朝鮮」と関連付けることがなかったのは当然かもしれない。

私も取材相手が先入観を持つことで話が曲がってしまわないように、被害者家族にも北朝鮮という国名を出すことはしなかった。

福井、鹿児島のアベック蒸発がナゾに満ち満ちていることは、取材が及ぶ限りでは事実だった。拉致以外の可能性は浮かんでこなかった。絶対にない、などということは絶対にない。そう強く疑ってかかっても、富山との違いは、未遂か既遂か、だけだった。

北朝鮮のものとみられる不審船に関する情報は富山同様にあった。鹿児島では海上保安庁筋から「実は、当日、おかしな船が吹上浜近くにいて、巡視船で追跡したが、高速で逃走された」との情報も得た。

警察や地元での報道に依拠した取材ではなかった。私と警視庁クラブで報告を待つ先輩記者、2人の内緒ごとだった。

富山、福井、鹿児島――。日本海、東シナ海の浜に記された3つの点を、どう線に結ぶのか、結べるのか。

共通点を整理した。

(1)いずれも20代の若い男女のデート中のできごとである

(2)家出、心中、事故、一般事件の可能性は極めて薄い

(3)78年7月から8月の40日ほどの間に集中して起きている

(4)現場が海岸の近くである

(5)付近に北朝鮮不審船の目撃情報がある。過去に北朝鮮工作船が密入国した地点に近い

接岸地

富山の拉致未遂事件、福井、鹿児島の失踪事件の共通点のうち、「過去に北朝鮮工作船が

密入国した地点に近い」という点については、関連する資料をあさり、にわか勉強した。

北朝鮮の工作員が日本に密入国するようになったのは50年6月の朝鮮戦争勃発前からだった。私の知る限りでは、最初の摘発事件は俗に「第1次朝鮮スパイ事件」と呼ばれる。49年夏、島根県・隠岐島から密入国した工作員は、すでに日本に潜入していた工作員や在日朝鮮人を統合して100人近いスパイ網のリーダーとなり、駐留米軍の情報を北朝鮮へ報告していた。50年秋から翌年にかけて警視庁などに摘発され、40人が検挙された。一度に40人。当時の日本における北朝鮮スパイ網がうかがい知れる。

60年代に入ってからは頻発するようになり、上陸後に摘発され、密入国の年月や場所が分かっているケースも数十件あった。

公安担当記者の当時の関心事は、日本赤軍や過激派セクトの動向にあった。外事事件も守備範囲内ではあったが、北朝鮮工作船の日本への密入国、日本からの密出国が、これほどまで多いとは知らなかった。摘発されなかった数は一体どれほどになるのか、見当もつかない。

工作船を海上で捕まえた事例は、1件も見つからなかった。北の工作員たちは日本の領海を、やりたい放題に行き来していたのだ。

捕まった工作員の中には、観念して、密入国の詳細をあっさり自供した者も少なくない。

大型の高速工作母船が日本沿岸まで接近し、日本国内に潜む工作員にラジオの平壌放送の乱数放送であらかじめ指示してある接岸地点へ子船（支船ともいう）やボートで近づく。接岸地点では石を打って陸で待つ工作員に合図を送って合流する――。

まるでスパイ映画のようなことが、日本の沿岸で20、30年も続けられてきていたのだった。こうした工作員が日本でどのくらい暗躍していたのか、定かではないが、1千人はいた、という見方も、けっして大げさではないのだ。

富山、福井、鹿児島で不審船の目撃情報が事件以前からたくさんあったのは、むしろ当然だった。大ざっぱに言えば日本海、東シナ海沿岸は、どこも、かつて北朝鮮工作員が密出入国した地点から遠くはなかった。

後日談になる。2002年に出版された『わが朝鮮総連の罪と罰』(文芸春秋社刊)。元在日本朝鮮人総連合会(朝鮮総連)中央本部幹部の実名告白本で、ジャーナリストの野村旗守氏が取材構成している。

国会の委員会でも取り上げられた衝撃的な内容だが、元幹部自身が日本国内で行った特殊任務、工作船の接岸ポイント作りについても詳述されている。

接岸ポイントは日本海沿岸の辺鄙《へんぴ》な場所であることが多い。東京から公安刑事に尾行されたりしないよう万全の注意を払って出かける。地元の人に怪しまれないように、現地で調達した衣類に着替え、あらかじめ下見しておいた海岸を歩く。人目につかない、上陸後の交通の便が良い、ボートが接岸しやすい、などといった条件を満たす場所を探して写真に収め、詳細なリポートを添えて、組織に提出する——。

いかに多くの金と時間を使って綿密に工作船の接岸ポイントを作るか。その実態が、よく分かるので、一読をお勧めする。

この本には、彼（元朝鮮総連幹部）が60年代後半から3、4年かけて自分自身で作ったという、北海道から鹿児島までの38カ所が具体的に明かされている。

その中に富山の拉致未遂事件の現場、雨晴海岸がある。鹿児島事件の現場、吹上浜もある。38カ所は彼一人が作ったものであり、北朝鮮が構築した接岸ポイントの一部にすぎないと思われる。

東北や山陰、九州の人たちは、他所者《よそもの》に警戒心が強かったが、新潟、富山、石川などの人たちは気性がおおらかで、行動が容易だった、と元幹部は野村氏に話している。

背乗り

通常、犯罪には動機がある。

なぜ日本人を拉致するのか。それなりに納得のゆく推察ができなければ、原稿にはならない。犯行動機については、警察の調べに依拠することが少なくないが、そもそも警察が拉致と考えていないのだから、こちらで推察するほかない。

北朝鮮が日本人を必要とする理由は、いくつか思いついた。

日本に潜入する工作員に日本語を教えるため、というのが、まず頭に浮かぶ。しかし、帰還事業で北朝鮮に渡った日本国籍の日本人妻や子が7千人近くもいるのだ。日本語のできる人材に不自由はしないはずだった。

言葉だけではなく、日本人になりきるため（日本人化）の手本となる日本人が必要なのではないか、と考えることもできた。しかし、その手本も、すでにたくさんいるのだ。

いや、日本人妻たちより若い、〝今の日本人〟が必要なのだ、などと思ってみたりもしたが、合点がいかない。

日本国内で摘発された北の工作員が少なからずいたことは、すでに書いたが、ヒントは、そこにあった。

逮捕された工作員の日本での主な任務は在日米軍や自衛隊、韓国の軍事情報を入手して本国へ報告することだった。工作活動がしやすいように、日本で協力者から入手した他人名義の外国人登録証に自分の写真を貼って成り代わるケースが、当初は目立った。偽造登録証で在日朝鮮人に成りすますわけだ。

やがて1960年代後半から70年代に入ると、日本人の戸籍抄本を入手して〝合法的〟に日本人に成りすますケースが出始めた。警察用語で「背乗《はいの》り」という。薄気味悪い語感だ。

日本国内で暗躍するだけなら、写真を貼り替えて外国人登録証を偽造し、在日朝鮮人に成りすますことで用が足りた。

しかし北朝鮮の諜報活動の最終目的は、国是である朝鮮半島の赤化統一にあったのだから、次の段階として、あるいは並行して、韓国内に協力者を増やしてスパイ網を張るなど、いわゆる対南工作が不可欠だった。

日本人に成りすませば、日本旅券を取得できる。旅券さえあれば韓国はじめ世界中、怪しまれることなく往来できるし、危険を冒して工作船で日本海を渡らずに済む。

こうした背乗りが、いつ始まったのか、正確には分からないが、工作員が温泉場で知り合った女性の親戚の戸籍を入手して日本旅券を取得し、大阪国際空港から出国直前に逮捕された通称・東大阪事件（68年）からかもしれない。知人の兄に成りすましてモスクワ経由で北朝鮮へ渡った工作員もいた。

初めのうちは、成りすまされた日本人の拉致を企てた形跡はなかった。

しかし、〝本物〟の日本人が国内に存在していては、同一人物が2人いることになり、何かの拍子に発覚しないともかぎらない。成りすまし対象の日本人が日本からいなくなることによって、背乗りは完璧になる。

拉致した日本人に成りすますため――。それ以外にアベック拉致の動機は考えにくかった。背乗りと拉致が結びついた事案は1件も見つからなかったが、私と先輩記者の79年当時の想定が的外れではなかったことが、後に発覚した事件から分かる。

85年に警視庁が摘発した西新井事件（注・主犯の住所から、そう呼ばれる）だ。在日朝鮮人だった工作員、自称「朴」は70年、秋田・男鹿半島から密入国。東京・山谷で知り合った当時46歳の小熊和也さんを入院させ、そのすきに小熊さんの福島の実家を訪ねた。身分を偽って両親をだまし、小熊さんの戸籍を東京へ移すと、小熊さん名義の旅券、運転免許証を取得。海外渡航を繰り返したが、背乗り発覚を恐れ、協力者に小熊さん拉致を命じた。

「本物が日本にいるのは、まずい。危険だ。小熊を北朝鮮へ送れ」

小熊さんの病死で、拉致計画は頓挫したが、背乗りと拉致が重なった初めての事案かもしれない。「朴」は、その後、同じ手口で当時50代だった小住健蔵さんに背乗りしていたが発覚を恐れて逃亡した。小住さんは消息不明だが、拉致された可能性は消えない。「朴」の本名は「チェ・スンチョル」。２００６年、新潟の蓮池薫さん、奥土祐木子さん拉致事件の実行犯の一人と判明し、国際手配された。

掲載見送り

アベック拉致の犯行動機は戸籍入手に絞ったが、謎は残った。

なぜアベックばかりを標的にするのか。

これは、ついに分からなかった。今は、互いを人質として扱えて利用しやすいから、といった解説をする向きもあるが、当時は正直、見当がつかなかった。

逆にアベックにこだわりすぎた、と悔やむ。こだわらなければ、下校途中に失踪した新潟市の中学1年生、横田めぐみさん、お盆の買い物に出掛けたまま行方を絶った新潟県・佐渡島の曽我ミヨシさん、ひとみさん母娘の拉致にも取材の手が届いたかもしれなかった。

原稿を書く前に、先輩記者と一緒に著名な推理作家を訪ねたことを思いだす。

作品の中に男女が北海道の海岸から謎の失踪をするくだりを見つけたからだった。待ち合わせた喫茶店に下駄《げた》ばきで現れたと記憶する作家に状況を説明し、私たちの推察、つまり北朝鮮による日本人拉致についての見解を求めた。

「北朝鮮の犯行とするなら、狙いは戸籍しかないと思う」

そうは言ってくれたが、疑問符が付いた。

「でも、そんなこと、やる意味ないのではないか。わざわざ誘拐しなくても、別な方法があるのではないかな」

当然すぎる疑問だった。

確かに、理詰めでいけば、ストンと腑に落ちる動機は、ない。

あれこれと推測はできても、真の犯行動機は結局、犯人側にしか分からない。そう承知したうえで、もっとも合理的と思われた戸籍入手、背乗りにこだわった。

新聞は確かな情報を客観的に書くのが原則、といわれている。異論はないが、確かな情報とは、何か。答えは簡単ではない。

むろん警察や官公庁の発表だけを指すわけではない。最近は「オルタナティブ・ファクト（もう一つの事実）」などという、訳の分からない言葉さえあるが、取材で集めた事実、情報から推察されることの中には、時に新聞記事たりうるものがある、と当時も今も確信している。

すでに拉致取材は、その域に達したと私には思えたが、記事掲載は編集幹部の判断で見送られた。

先輩記者が何度か繰り返し交渉したようだったが、ゴーサインは出なかった。

その理由の一つは富山、福井、鹿児島の3件とも、すでに報じられていることにあった、と先輩記者から聞いた。

「他紙に書いてあるじゃないか、ということだ」

その通りだ。富山の未遂事件も福井、鹿児島の蒸発も大なり小なり地元紙や全国紙の地方版には載っている。

行方不明と、北朝鮮による拉致とでは、意味合いも事の重大さも、まるで比較にならないが、「載っている」といわれれば、載っているのだ。

加えて、大所高所に立つ編集幹部が、国交がないとはいえ、一国の国家犯罪疑惑を報道するには根拠が薄いのではないか、と躊躇《ちゅうちょ》したとしても、それはそれで仕方のないことだった。駆け出し記者に記事掲載を判断する権限はない。

私は、それから25年ほど後に産経新聞東京本社の編集局長を務めさせてもらったが、あのとき、もし自分ならどう判断しただろうか、と繰り返し自問した。最終的には、取材記者の判断を重視するだろうが、相当迷い悩んだに違いない。

原稿がボツになることは珍しいことではないし、取材の苦労の量と記事掲載の判断とは、まったく次元の異なる話だ。

記事の掲載は見送られたが、取材は続けた。

どこにも報じられていない、砂浜に埋もれた事件を掘り出すことができれば、記事掲載が再考される可能性はある。そう思った。

「他紙に書いてある」という記者としては最もつらい〝屈辱〟を晴らしたい気持ちも当然あった。

柏崎

富山、福井、鹿児島だけだろうか。他でもあったのではないか――。

成算は全くなかったが、日本海に沿った警察署に順に電話で問い合わせた。東京・日比谷の図書館で地方紙から富山の未遂事件を見つけたときと、同じ手法だった。

「お宅の管内で若いアベックが蒸発していますよね」

どこも「ない」と答える中、新潟県の柏崎署だけは「教えられない」という。あった、ということだ。

すぐに柏崎市に向かったが、署長のガードは、ことのほか堅かった。

家族の強い希望で非公開なのだから話すわけにはいかない、の一点張りだった。むろん地元紙にも一切、報じられていなかった。

縁もゆかりもない土地。海辺に近い民家、商店を手当たり次第に尋ね歩いた。

「海岸からいなくなった若い男女、知りませんか」

誰一人、知らなかった。手詰まりだった。

途方に暮れた揚げ句、商店街の公衆電話から、苦し紛れに助けを求めたのは、拉致取材の発端となった、あの夜回り先だった。

「日本海の方で変なことが起きている」

この一言を聞いた夜から、すでに2カ月がたっていた。

その間、一度も連絡を取ったことはなかった。ひょっとしたら新潟の件を何か知っているのではないか。抱いた淡い期待は怒声で消し飛んだ。

「知るか！　だいたい、お前、一体何をしてるんだ！　オレは、何も話してないぞ！」

ガチャンと切られた。

予想されたことではあったが、あまりの剣幕《けんまく》に、冬の越後の寒さが余計、身に染みた。

確かに彼は私に何も話してはいないのだ。つぶやいただけだ。

ネット上の百科事典ウィキペディアなどには、だれが書いたのか、産経の拉致取材の端緒が「公安警察からのリーク情報を元に取材」（2018年4月末現在）などとある。

リークとは情報を漏らすことだが、彼のつぶやきもリークだろうか。いずれにせよ、夜回り先に迷惑はかけられない。

怒鳴られて40年、彼に会ったことも、話したこともない。すでに他界されたと人づてに聞いた。

何もつかめないまま、柏崎での2、3日が過ぎた。あまり長い出張はできない。

このまま帰京すれば「北朝鮮による日本人拉致」が公になる日は永遠に来ないかもしれない、という多少の悲壮感もあって、思案した。

非公開ではあっても、息子、娘の身を案じる家族が何もしないはずがない。友人、知人を頼りに捜し回ったに違いないのだ。

だとすれば、人口8万人余の柏崎市内でも少なくとも50人、あるいは100人近い人たちが、そのことを知っているのではないだろうか。

〈突然いなくなった男女、だれか知りませんか〉

大書したノボリでも持って、朝の通勤・通学の時間帯に柏崎駅頭に立っていれば、「知っている」という人が現れるかもしれなかった。窮余の策を実行せずに済んだのは、幸運としか言いようがない。

ノボリづくりの手順を考えながら乗り込んだタクシーの運転手に、その日、何十回目かの同じ質問を繰り返した。

「海岸からいなくなった若い男女、知りませんか」

バックミラー越しににらみつける運転手に、東京の新聞記者であることを告げると、タクシーは急にスピードをあげ、田畑が点在する郊外へ向かって走った。

「ここだよ」

降ろされた民家の表札か、郵便受けに「蓮池」とあった。

夏の意味

蓮池秀量《ひでかず》さん、ハツイさん夫妻は、1年余の心労から疲れ切ってみえた。

「どうしてウチが分かったんですか」

突然の来訪に少し驚かれたようだったが、居間で真摯《しんし》に取材に応じてくれた。

新潟事件の概要は次の通りだった。

78年7月31日。夏休みで東京から柏崎市の実家に帰省中だった中央大学3年、蓮池薫さんが、グループ交際をしていた奥土祐木子さんと中央海岸へデートに出たまま戻らなかった。

当時、薫さんは20歳、祐木子さんは22歳。「デート中の20代の若い男女」であり、行方不明になった日時も「78年7月から8月の40日」にぴたりと当てはまる。富山、福井、鹿児島のケースとそっくりなのだ。

「午後5時半ごろ、お金、自動車運転免許証、時計、みんな置いたまま、『晩飯は帰ってから食べる』と言って自転車で家を出ました。翌日の8月1日に福島のインターハイに出場する妹を応援に行く予定で、自分で座席指定の切符を買ってきました。前の晩も、一生懸命リポートを書いていた」

「もう3年生だからと、畑仕事をしながら将来のことを親子で話し合ったばかりなんです。一応、司法試験を受けて、もしダメだったら、私たち夫婦（注・父、秀量さんは教員、母、ハツイさんは市役所勤務）の退職金を使って地元で司法書士のような事務所でも開いたら、といったような話をしたんです」（蓮池さんの両親の話、取材ノートから）

無言電話に「薫ちゃん！　返事して！　お母さん、死にそうだー」と泣き崩れたときもあったそうだ。

蓮池さん、奥土さんが拉致された新潟県柏崎市の中央海岸（1979年、阿部雅美撮影）

消波ブロックが積まれた長い海岸線の波打ち際を夫婦で棒を手に捜し歩いた。名古屋や東京まで足を延ばしたこともあったという。

いつ帰ってきてもいいように、東京都八王子市内の下宿の代金は1年間払い続けた。休学届は、もう1年延ばそうと思っている――。

非公開ではあったが、両親はつらい胸の内を誰かに聞いてほしい、と思っていたのかもしれない。話を聞きながら、親心の深さに打たれ、不覚にも涙したことを忘れない。

家出や心中の可能性が、まったくない、見つからない点についても他のアベック失踪と同じだった。素行不良グループや暴力団などによる誘拐の疑いはゼロではないが、そもそもアベックを襲って連れ去ったり、殺害したりするなどという凶悪犯罪は、私の知る限り、日本では起きていなかった。

翌日、2人がいなくなったと思われる中央海岸の浜を歩いた。

その日の海は比較的穏やかだったが、地元の人によれば、冬の日本海はシケが続き、消波ブロックに波が砕けるという。新潟の海といえば、子供のころ、一度だけ地引き網を楽しんだ思い出があったが、あの時の波静かな夏の海とは、まるで違うようだ。

工作活動に使われる子船やボートで接岸、上陸するのは容易ではないだろう。アベック拉致が夏場に集中して起きていた理由が、なんとなく分かる気がした。

薫さんの自転車が放置されていた図書館、祐木子さんが週1回手伝いに通っていた化粧品店に寄った。

「彼女は薫君の写真をいつも持っていました。中学の先輩後輩なんです。（中央大学のある）東京・八王子の下宿にも2、3度行ったことがある、と言っていた。あの日は、午後6時ごろ、薫君と図書館で待ち合わせしている、といって、水着などの入った袋を持って出たんです。前の日も、薫君を含め4人くらいで中央海岸へ海水浴に行った、と言っていました」（化粧品店の女性店主の話、同）

福井、鹿児島に新潟を加え、アベック3組蒸発とすることは可能ではないか。記事の説得力は格段に増すように思えた。

まだ、あるのではないか。手を尽くして探したが、アベック拉致の疑いがある失踪は、それ以上は見つからなかった。

後日談。2017年冬、久しぶりに柏崎市を訪ねた。薫さんの自転車が見つかった図書館は「柏崎ふるさと人物館」と名を変えていた。持参した当時の写真と比べると、館の庭に植えられた松の枝ぶりは当時と変わらないが、幹が太く育っていた。祐木子さんが手伝いをしていた化粧品店は、アーケードの商店街からなくなっていた。40年近い歳月は地方都市の街の風景を変えるほどに長いのだ。

秀量さんからは薫さんが帰国を果たしてからも毎年、達筆な墨書の賀状をいただいている。

（注・新潟事件では後年、北朝鮮工作員、チェ・スンチョル、ハン・クムニョン、キム・ナムジンの3容疑者が国際手配されている）

1面トップ

新潟のケースが新たに加わった後、編集幹部と先輩記者の間で、どのような協議が行われ、一度は見送られた記事掲載の決断に至ったのか、私は今も知らない。

駆け出し記者が口をはさむ余地はなかった。感謝あるのみだ。

ちなみに、時の上司だった社会部長は《連続企業爆破事件の犯人グループ　きょう一斉逮捕》のスクープで75年度の新聞協会賞を受けた取材グループを率い、産経一の敏腕事件記者として知られた人だった。近年、何度かお会いする機会があったが、あの時の決断についてては語ることなく他界された。

ただし、拉致の記事掲載が相当の難産だったことは、その日付からも察せられる。

当時、新聞各社は元日の1面トップ記事でスクープを競い合った。数カ月も前からネタを仕込んだりしたものだった。

しかし拉致の記事は元日をパスしている。掲載は80年の1月7日付だった。

その朝刊1面トップの見出しは、こうだった。

《アベック3組ナゾの蒸発　(昭和)53年夏　福井、新潟、鹿児島の海岸で》

《外国情報機関が関与?》

《富山の誘拐未遂からわかる　外国製の遺留品　戸籍入手の目的か》

非公開だった新潟は匿名、福井、鹿児島、富山は実名で、福井と鹿児島は家族からいただいた被害者たちの写真も載せた。

アベックとは言うまでもなく男女2人連れのことだが、今では死語の代表格だそうだ。カップルとすべきかもしれないが、本書ではアベックのまま通す。

当時の産経新聞の題字はカタカナで「サンケイ」。鉛版を使い手作業で紙面を作成していた。1段に15文字も詰まり、まだ高齢読者への配慮などない時代だった。カラー写真も当然、なかった。

同じ日の第1社会面はその半分以上を割き、取材した関係者の証言を元に、唯一、物証があり、目撃者がいる富山の拉致未遂事件の犯行を再現した。

《こうして襲われた　4人組　終始無言の犯行　後手に手錠、頭に布袋》

《任務分担　事務的ですばやく》

《犬の鳴き声で姿消す》

第2社会面には《何語る特製ずくめの遺留品》の6段見出しで、犯行に使われた手錠、ゴム製サルグツワ、帯、布袋、ズックぐつなどについて詳述し、《製造元どれも不明　国内での入手は不可能》と報じた。

サンケイ

1·7

丸山園

アベック3組ナゾの蒸発

53年夏 福井、新潟、鹿児島の海岸で

富山の誘かい未遂からわかる

外国情報機関が関与？

同一グループ 外国製の遺留品

戸籍入手の目的か

参道つり橋落ち大惨事

死者7、負傷15人

サンケイ児童出版文化賞

こどもの日に発表

サンケイ新聞社

日本などソ連軍撤退要求

モスクワ五輪 サウジがボイコット決定

ECC外語学院

東海銀行

見る。

聴く。

語る。

アベック３組の蒸発と外国情報機関の関与を伝える1980年1月7日付サンケイ新聞

翌8日付も朝刊社会面の半分以上を割いて福井、新潟、鹿児島3件のアベック蒸発について家族らの話を中心に家出や心中の可能性が極めて薄いことを書いた。

《「家出考えられぬ」新居決め挙式目前に　福井事件》

《3度目のデート　笑顔の写真残し　鹿児島事件》

《将来設計話したばかり　翌

日に旅行の計画　新潟事件》

記事の掲載位置や扱いの大小は、その記事の重大性を新聞社がどう判断しているかのバロメーターだ。これほどの紙面展開は、大きな災害時を除けば、めったにないことだった。《北朝鮮情報機関の犯行か》となるはずが、《外国情報機関が関与?》と変わり、掲載記事のどこにも北朝鮮とはない。

ないが、「外国」が北朝鮮を指していることは、読めば明らかだった。ダメを押すため、3日目の9日付社会面トップ記事で宇出津《うしつ》事件を取り上げた。

宇出津事件

何度でも繰り返すが、当時、北朝鮮による日本人拉致は、まだ一件も発覚していない。こんなことはありえない、と思う読者も少なからずいるに違いなかった。そこで、拉致はある、と例示したつもりだった。

日本海に突き出た能登半島の東側、内浦地区に宇出津という漁港がある。

現在は石川県鳳珠《ほうす》郡能登町の一角だ。東京から金沢経由で、停車時間がやたらと長いローカル線に揺られ、七尾、穴水を過ぎて宇出津にたどり着くまでに相当な時間がかかったことを記憶する。

東京都保谷市（現・西東京市）のアパートで1人暮らしをしていた三鷹市役所ガードマ

ン、久米裕さんが、ここから北朝鮮へ連れ去られたのは、アベック連続蒸発の前年、77年9月のことだった。

当時、久米さんは52歳。金を借りたことのある田無市（同）の在日朝鮮人、「R」に言葉巧みにもちかけられた。

「ウマい話がある。金儲けできる」「海岸からゴムボートで沖の密輸船に金を届けてほしい」

密貿易が実際にあるかのように思わせた。久米さんは、完全にだまされ、この話に乗ってしまった。

日本生まれのRは東京の大学を卒業し、建設業の傍ら金融業も営んでいた。北朝鮮に帰った妹の安否をネタに、日本に潜入していた工作員から祖国への忠誠を強要され、協力者にさせられていた。

工作員から「45～50歳の身寄りのない独身日本人男性を共和国へ送り込め、能力は問わない」と指示され、身近にいた久米さんを拉致のターゲットに決めたのだった。

久米さんの勤務態度はまじめで、無断欠勤はなく、市役所へは自転車で通勤していたという。

「別れた女房と復縁するので……」

派遣元の警備会社に方便を使って休みを取った久米さんは9月18日、Rと連れ立って東京を離れた。途中、福井県の芦原《あわら》温泉に1泊。芸者遊びをした夜、三鷹市役所の警備員室に上機嫌で電話をかけている。

「今、福井の温泉にいる」

前日の17日から22日まで6日間の有給休暇。久米さんは、じきに東京へ戻るつもりだったのだろう。

翌19日夕、2人は宇出津にある遠島山《とおしまやま》公園の旅館・紫雲荘に投宿した。

当時、北朝鮮工作船と思われる不審船が日本海沿岸に出没しており、海上から発信される怪電波を傍受した東京の警察庁は沿岸の県警にKB（コリアン・ボート）情報を出して警戒を呼び掛けていた。地域住民への協力も依頼してあったという。

久米さんとR、落ち着きがなく口数の少ない男客2人の挙動を不審に感じた旅館の女将《おかみ》が警察へ1回目の通報をした。

拉致決行の最終合図は、北朝鮮のラジオ、平壌放送から流されるよく知られた歌「南山《ナムサン》の青い松」だった。ラジオの周波数を合わせ、宿の部屋で歌を傍受したRは、午後10時すぎ、久米さんを連れて暗闇の中を黒い服装で外出した。怪しんだ女将が警察へ2回目の電話をかけた。

Rだけが宿に戻ったのは、それから間もなくのことだった。

深夜、金沢から駆けつけた石川県警の外事担当捜査員が、携帯が義務付けられている外国人登録証明書の提示を拒否したRを外国人登録法違反容疑で現行犯逮捕した。

Rは勾留中、頑強に口を割らなかった。

「田舎警察となめるな！」

取調官が高飛車に出ると、懇願しながら自供を始めたという。

「北朝鮮へ強制送還されれば死刑だ。韓国へ送られれば拷問をうける。お願いだから妻子と日本に住まわせてほしい」

県警の外事警察班を統括指揮した刑事から後年、直接教えてもらった話だ。「35年間の私の警察勤務の中で最も印象に残る検挙事件だった」そうだ。

あの夜、Rは久米さんを接線（工作員の接触）場所として打ち合わせてあった「舟隠し」に連れて行った。紫雲荘から坂道を歩いて10分ほどの「舟隠し」は、その昔、水軍が舟を隠していた場所と伝わる静かな入り江で、工作員の接岸には、うってつけの地形だった。

Rが石を拾って3回打ち鳴らすと、暗がりから、すでに上陸して潜んでいた工作員3人が現れた。久米さんは、ボートに乗せられ、沖に待つ工作子船へ連れ去られた。

東京で平壌放送の暗号放送を使って接線の日時、場所を指示されていたRは、あらかじめ現地の下見までして犯行に及んだ。協力者というより、すでに在日工作員の一員だった。

4度目の家宅捜索で、ようやく田無市の自宅庭先の土中や雨戸に隠してあった乱数表などのスパイ道具が見つかり、観念したRの供述で犯行の全容が明らかになったという。

だまされ拉致

当時、宇出津事件があったことは一般には、ほとんど知られていなかったが、全国紙では朝日新聞が発生から2カ月後の77年11月10日付朝刊で報じていた。

ただし拉致事件としてではない。密出国事件だ。

《三鷹市役所の警備員　工作船で北朝鮮へ　能登半島から密出国　懐柔？日本人では初》

リードには「（久米裕さんが）朝鮮民主主義人民共和国（北朝鮮）の工作船で密出国していた事実が九日明らかになった」とある。

いうまでもなく、密出国と拉致とでは意味合いが全く逆だ。百八十度違う。警察、検察、そしてマスメディアにも拉致という認識が、かくも希薄だった。

周知のように国内での拉致には2つのパターンがある。1つはアベック3組や横田めぐみさん、曽我ひとみさん母娘のように面識のない工作員たちが海岸近くで突然暴力的に襲って連れ去るケースで、私は「襲われ拉致」と呼んでいる。

もう1つは東京、大阪などで知り合った工作員に言葉巧みにだまされて連れていかれる「だまされ拉致」だ。久米さん、後述する原敕晁《ただあき》さん、田口八重子さんらのケースが、これにあたる。

方法は違っても、どちらも拉致であることに変わりはない。久米さんを密出国者とするならば、だまされた原さんや田口さんらも拉致被害者ではなく、密出国者となってしまう。

結局、拉致協力者（補助工作員）のRは出入国管理令違反罪では不起訴、外国人登録法違反罪は起訴猶予となり、釈放後に帰化して希望通り日本で生涯を終えることになった。

久米さんが密出国者ではなく、拉致被害者第1号と政府が認定しているると分かったのは97

年、事件発生から20年もたってからだった。

新潟の海から、横田めぐみさんが拉致されたのは宇出津事件のわずか2カ月後の77年11月15日だ。余談だが、朝日の「密出国」記事の数日後でもある。

あのとき、きちんと事件処理をしていれば、その後の拉致は防げたのではないか。悔やむ声が宇出津事件関係者の間には今もある。

突然、姿を消した久米さんを捜す人はいなかった。失踪を怪しんで騒ぐ人もいなかった。北朝鮮の思惑通りだった。

2年以上も前の宇出津事件を改めて取材して紙面に載せたのは、北朝鮮による日本人拉致がありうることと合わせて、アベック3組拉致の動機を戸籍入手と書くことの補強でもあった。朝日の「密出国」記事にはないが、Rが久米さんに事前に用意させて北朝鮮へ持参させたもの、それは戸籍抄本2通だけだった。

驚くことに、朝日の記事は「密出国者」久米さんに追い打ちをかけるように書いている。

「夏の暑い時でも長そでシャツ以外は着なかったといい、それは体の彫り物を気にしたためらしいともいわれていた」

そういう人だから密出国したのだ、と私には読めるが、朝日新聞社は、この記事を拉致疑惑の初報としている。

国外への拉致であれば国外移送目的略取及び誘拐罪（刑法226条）が適用されることになる。結局、検察は拉致での立件を見送り、朝日は「密出国」としたが、産経が拉致と報じたことは言うまでもない。80年1月9日付社会面トップ記事の見出しは、こうだった。

《2年半前に類似事件　警備員を国外にら致　戸籍取得が目的だった　逮捕の外国スパイが自供》

80年の年明け早々、3日続けての大きな扱いの報道だった。

拉致とは個人の自由を奪って別の場所に連れ去る誘拐の一種だが、日常、あまり使われない言葉だった。私自身、それまでに一度も使った記憶がないが、1日目の原稿の中で富山事件について「ら致未遂」と書き、3日目には宇出津事件に関して「日本から外国への誘かい事件としては7年前の夏に起きた金大中《キムデジュン》氏事件が記憶に新しい。しかし日本人が外国へら致されたケースは、戦前、戦後を通じて公式には一件もない」と書き、「ら致」が初めて新聞の見出しになった。

通常の誘拐事件とは区別したい意図が働いたのだと思うが、自分で書きながら、よく覚えていない。

なお、拉致の「拉」の字は常用漢字でなかったため、紙面では「ら致」と、仮名交じりで表記した。常用漢字に追加されたのは、2010年だった。

黙殺

《アベック3組ナゾの蒸発　外国情報機関が関与?》

80年1月7日付のこの記事が他の新聞、テレビから無視されたというのは本当だ。いわゆる後追い報道はなかった。乱暴に言わせてもらえば、黙殺された。

市井の日本人が、突然、工作員たちに襲われ、海を越えて北朝鮮へ連れ去られる――。「ありえない」「北朝鮮がそんなひどいことをするはずがない」

素朴な声に交じり、飛ばし記事だ、誤報だ、虚報だという非難、批判が耳に届いた。今風に言えば、フェイクニュースというところだろうか。

記事に理解を示す識者や評論家は一人として現れなかった。四面楚歌《そか》だった。産経は公安に乗せられて書いた、という、うがった見方もあったが、事実は本書の通りだ。

どこに乗せられたのでもない。何の政治的思惑もない。あったのは新聞記者として当たり前の、犯罪を暴く意思と、この事件の持つ意味合いの大きさについての確たる認識、それだけである。

編集幹部は紙面掲載をOKしてくれたが、産経社内の記事評価も社外同様に大変厳しいものだったことは正直に書いておく。

「他社はどこも後追いしないではないか」

後追いされない記事をスクープ（特ダネ）とは呼ばない。北朝鮮、拉致は忘れたほうがいい、そんなアドバイスをもらったこともあった。

当の被害者家族たちは、産経の記事をどんな気持ちで読んだのだろうか。息子や娘が生きていることに希望をつなげた、と話してくれた人がいた。国交もない北朝鮮ではどうにもならない、というもどかしさが募る結果になったという人もいた。家族たちは、そのはざまで揺れながら長い歳月を過ごすことになる。

新潟事件の被害者、蓮池薫さんの兄、透さんは著書『奪還　引き裂かれた二十四年』（新潮社刊）に書いている。

《1980年の正月が明けて間もないある日、実家から「サンケイ新聞に薫のことが出ている」という電話をもらいました。びっくりして慌てて買いに行って広げてみると「アベック3組ナゾの蒸発」という大きな見出しが目に飛び込んできました。（中略）何より驚かされたのは「外国情報機関が関与?」の1行でした。（中略）寝耳に水というより、われわれの想像を絶する話ですから、心底から仰天しました。それまでにいろいろな可能性を考えましたが、外国の情報機関なんて、映画か小説の話としか思えません。あまりに日常から乖離《かいり》した世界なので、実感が伴ってこないのです》

取材過程で被害者家族に北朝鮮や外国とは絶対に言わないよう注意を払ったことは前述した。確かに「外国情報機関が関与?」は被害者家族にさえ、当時は、《想像を絶する話》だったのだ。

横田めぐみさんの母、早紀江さんは著書『めぐみ、お母さんがきっと助けてあげる』（草思社刊）で書いている。

《昭和五十五（一九八〇）年一月七日のことでした。近所の方が、こういう記事が載っていると言って「サンケイ新聞」を持ってきてくださいました。主人と二人でそれを読んだ私は、瞬間的に、これかもしれないと思いました。（中略）のちに分かったのですが、この記事を書いたのは、産経新聞社会部の阿部雅美記者で、日本海沿岸を中心に起きた何件かの蒸発事件には「外国の情報機関が関与している疑いが強い」と初めて書いた方でした》
《私はその新聞を持ってすぐに「サンケイ新聞」の新潟支局に行き、支局長さんにお会いして、（中略）これと同じことがわが子の身の上に起こったのではないかという気がするのですが、どう思われますか、と伺いました。支局長さんはじっと考えておられましたが、「年齢が違いますし、蒸発事件はアベックの方ばかりですから、ちょっと違うんじゃないですか」とおっしゃいました。（中略）主人も支局長さんと同じ意見でした》
早紀江さんの〝母の直感〟は、当たっていた。
めぐみさんは北朝鮮に拉致されていたのだが、それが明るみに出るのは17年も後のことだった。

第二章

メディアが死んだ日

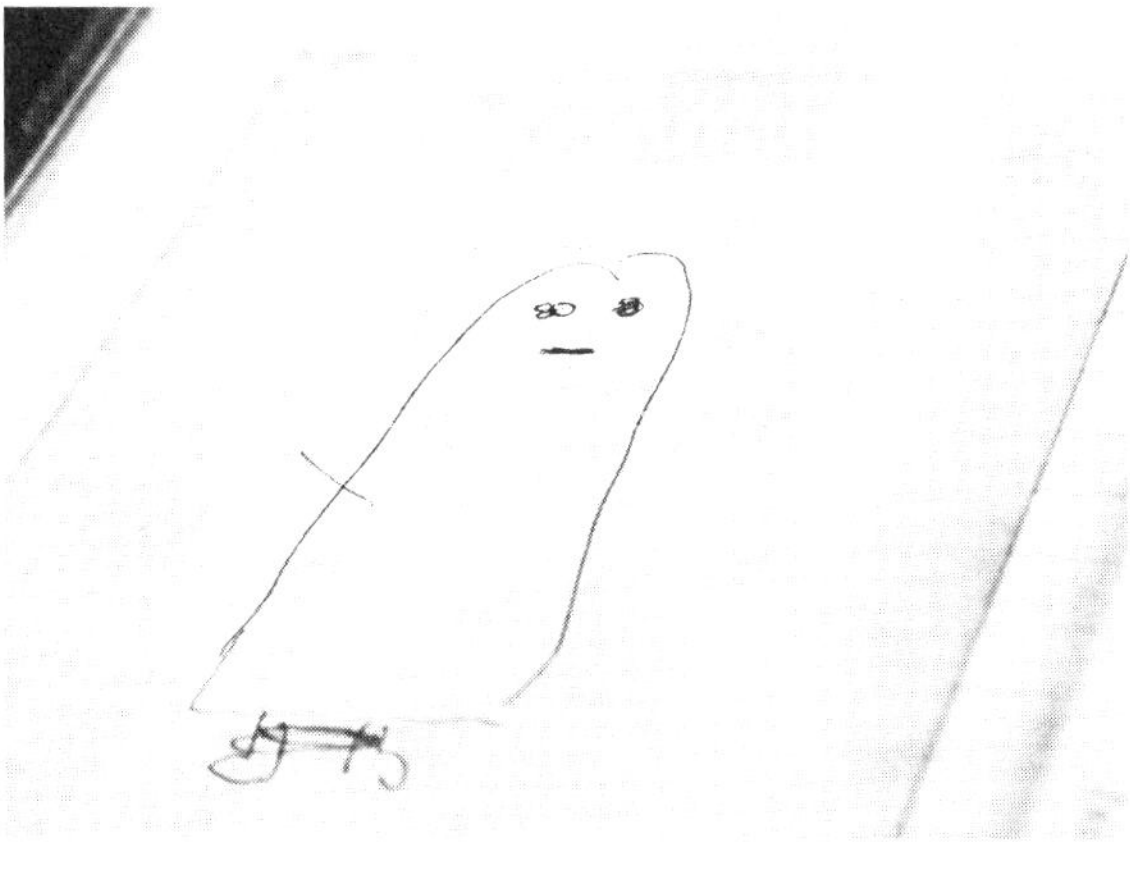

お墨付き

なぜ新聞、テレビは後追い報道をしなかったのだろうか。

荒唐無稽と断じたライバル紙の記者もいたが、総じて半信半疑で「確証がないじゃないか」という受け止め方だったように思う。確かに、確実な証拠などありはしない。そんなものがあれば、苦労はしない。

しかし、たとえ確証がなくても、事実に基づく推察は時に新聞記事に足りうる、というのが私の信念であり、先輩記者や紙面掲載に踏み切った編集幹部も同様だったに違いない。確証はなくても、大きな記事にするほどに疑いが濃厚であることを報じたのだ。

国内外のニュースを取材、編集して全国の新聞社、ＮＨＫをはじめとするテレビ局などに配信している社団法人共同通信社に第三者機関「報道と読者」委員会がある。

会議内容を公表しているので、拉致事件をテーマにした２００２（平成14）年11月の会議から引用させていただく。

委員の一人、元最高検検事の土本武司氏は、こう語っている。

《当時、裁判で有罪にするだけの確実な証拠はなかっただろう。しかし新聞は裁判と違い、明確な証拠がないと書けないということはない。本当は、当時朝鮮半島は南北の激しい対立関係にあって、その一方にうかつに口出しするとやっかいになる、という意識が報道関係者にあって取材・報道を差し控えたのではないか。そういう意識を乗り越えなければいけない》あるマスコミ界重鎮のこんな趣旨の一文も見つけた。現物を紛失してしまったので実名は伏せる。

「拉致問題の不報（注・報じないこと）の弁明には確証が取れないというのがキーワードになっていた。しかし、日常のニュースでは確証が取れないものもしばしば報じられている。重大な疑惑事件は疑惑として積極的に報道している場合がいくらもある」

いずれも記事掲載から20年もたっての援軍だったが、わが意を得たり、だった。

確証がなければ書けない、書かないのであれば、一切の疑惑報道などできない。「疑いが強い」「可能性が高い」といった表現の報道は今日、いくらでもあるし、あって当然だ。

各社が黙殺した、最大の理由が、政府、警察の対応にあったことは明らかだった。

実は記事掲載直後、産経の社会部長が、国会の質疑で拉致を取り上げるよう自民党の大物政治家に要請に行ったのだが、けんもほろろに拒絶された。

2カ月以上たった1980年3月24日、参院決算委員会で和泉照雄議員（公明）がアベック蒸発に触れた。地元、鹿児島の被害者家族からの要請を受けたものだった。

ただし質問に「拉致」も「北朝鮮」もなかったから、拉致事件で最初の国会質問とは言い難い。政府答弁者は外事事件を扱う警察庁の警備局長ではなく、中平和水刑事局長らだった。警察の姿勢は、こうしたことからもうかがい知れた。質問にないのだから、答弁に「拉致」「北朝鮮」があるはずがなかった。

《まあ、この4つの事件、1つは確実な事件でございますが、あとの3つの問題と結びつくかどうかという問題でございますが、現在までの捜査では、富山県の事件と他の3つとの間に関連性があるという客観的な証拠は実は何もないわけでございます。確かに大変同じ時期にそうした若い男女が約40日ぐらいの間にいなくなっておりますから、そういう点については確かにご不審をお持ちの向きもあろうかと思いますが、私ども純粋に捜査の立場から申し上げますと、いまのところ客観的な関連性というものは出てまいっていない》

《家出であるのか、あるいは自殺であるのか、あるいはまた事故なのか、犯罪被害なのか、残念ながら、いずれとも判明しておりません》

同年1月7日の産経の報道を受けて新聞、テレビ各社は、すぐに警察庁幹部に確認取りをしたはずだ。そして、国会答弁と同様な回答を得ただろう。

これであれば、通常、事実上の関連性否定と受け止める。警察庁の局長が否定したら、後追い記事など書かない。書かないでいい、書かない方がいい、というお墨付きのようなものだ。

続報

私自身何度か後追いの苦杯をなめたことがあるが、仕方なく後追いするのは、当該記事がすぐに事実と分かったとき、あるいは遠からず事実と分かると判断した場合だ。後追いせずに放っておくと、傷口が広がって悲惨な結果を招くことになる。

北朝鮮が相手では未来永劫《えいごう》、事実が明らかになることなどない、という妙な安心感もライバル各社の公安担当記者にあったように感じた。社によっては、産経が報じた被害者家族たちに、蒸発が事実かどうかの確認取材さえしなかった。

誤報、虚報として放っておいて、何の問題も生じないはずだった。産経だけが報じているのだから、じきに忘れられるはずだった。が、偶然が重なった結果、そうはならなかった。後述するように、数奇な経緯をたどって、17年後の97年、一連の記事がマスメディア界でスクープと認知されるに至る。

新聞記者は通常4、5年で担当部署替えになる。他部や系列媒体に異動することも珍しくない。新しい持ち場に移ったら、当然、新しい仕事に専念する。

私も、そうしたが、間もなくして警視庁を外れた後も、拉致被害者の戸籍が北朝鮮工作員にいじられていないか、被害者の地元の役所に問い合わせることだけは、しばらく続けた。

「ウチの子も北朝鮮に連れていかれたのではないか」

読者から寄せられた相談の何件かについて取材したが、福井、鹿児島、新潟と違い、家出ではないと確信を持つには至らなかった。

アベック3組の家族からは時折、電話をいただいた。

《その記事を書いたサンケイの記者に連絡をとりました。どんな些細なことでも構わないので、記事に書かなかった情報があったら教えてほしいと頼んだんです。阿部雅美さんというその記者は、親切に応対はしてくれましたが、記事に書いた以外のことは知らないと言われました。その後も阿部さんには何度も電話させてもらいましたが、その度に「申し訳ありませんが、新情報はありません」と気の毒そうに答えてくれました》

《われわれにとっては、薫の居場所を探し出す唯一の突破口なので、阿部さんに頼らざるを得なかったのです。その後、後追いするメディアもなく、外国情報機関の話も次第にうやむやになっていきました。われわれは、その話は全面的に否定はできないと思いましたが、かといって100％信用する気にもなれませんでした》（蓮池薫さんの兄、透さんの著書『奪還　引き裂かれた二十四年』から）

事実だ。初期の拉致報道のつらさは続報が書けない、というより、書くだけの材料がないことだった。新たな事実が出てこないことだった。警察が否定しているのだから、足で探すほかないが、何も見つけることができなかった。

自分が書いた記事の信憑《しんぴょう》性に疑いを抱いたり、確信が揺らいだりしたことは一度もないが、被害者の1人から「自分たちは拉致されたのではないんです。訳あって隠れているんです」と、なぜか私に電話がかかる夢にうなされたことが幾度かあったことは正直に告白しておく。

ずっと思い続けていた。続報を待つ家族や読者に申し訳ない。

ずっと思い続けていた。拉致が事実と分かる日が、やがて来る。

警視庁の記者クラブ。深夜、夜回りを終えた同僚たちが戻ってくる。すぐに原稿を書く者もいれば、ソファに寝転ぶ者もいる。大きな籠を背負った通いのオバちゃんから夜食を買う。

ある夜、出張帰りの同僚の土産「くさや」をあぶっていると、当直の広報課員が飛んできた。「留置人たちが眠れない、と騒いでいます。産経さん、くさやはやめてください。くさやは！」。ダクトを伝わって強烈な臭いが地下の留置場に充満したらしい。

来日したビートルズのポール・マッカートニーが大麻不法所持容疑で逮捕されたのも、そのころだった。留置された警視庁仮庁舎を多数のファンが取り巻き、嬌声《きょうせい》をあげていた。

変なことばかり思い出す。

赤塚不二夫

アベック3組蒸発を報じた80年は、大きな出来事が続いた。

防衛庁スパイ事件（1月）、早大入試問題漏洩《ろうえい》事件（3月）、1億円拾得（4月）、イエスの方舟事件（7月）、静岡駅前地下街爆発事故（8月）、新宿西口バス放火事件（同）、富士見産婦人科病院事件（9月）、川治プリンスホテル火災（11月）――。歌手の山口百恵さん、プロ野球の王貞治選手の引退もあった。

こうなると、記者総出で取材にあたる。早大事件では四国・徳島の受験生取材に出張し、山間の電話ボックスで寒さに震えながら一夜を明かしたことを記憶する。

拉致取材の余韻に浸る暇などなかった。何事かを成し遂げた、といった達成感も充実感もなかった。

そして2年たち、3年がすぎて、北朝鮮による日本人拉致は、おそらく産経読者の記憶にだけ残った。拉致報道の「第1氷河期」。80年から88年までを、勝手にそう命名している。

拉致が巷間《こうかん》の話題になることは皆無に近かった。この間、80年夏に警視庁を離れた私は主に教育関係の担当が多かった。産経編集局の自由な風土の中で充実した記者生活を送ったが、家族、友人、仕事で懇意になった人にも、拉致取材の話をしたことは一度もなかった。

例えば――。漫画家、赤塚不二夫氏を思い出す。

85年だったか、「おそ松くん」や「天才バカボン」などで〝ギャグマンガの王様〟と呼ばれていた赤塚氏が産経紙面で週1回8コマの時事漫画を始めることになり、私が担当となった。

氏の作品には警察官がやたらと拳銃をぶっ放すなど、新聞漫画にそぐわないシーンが、ままあるので、それを事前に食い止めるのが、私の主たる役目だった。

毎週、東京・中落合のフジオ・プロに通って、打ち合わせのアイデア会議を開いた。赤塚氏はいつもマドラー代わりに指先でグラスのウイスキーと氷を混ぜていた。

温泉宿を貸し切った有名漫画家たちの泊まりがけのハチャメチャ忘年会にも同行させてもらったが、幹事役の氏は年が明けると、次の忘年会の段取りを練っていた。

気取り、驕《おご》りのない人柄で、いつも、2人目の奥さん、真知子さんが傍らにいた。

後輩記者を連れて真夜中に訪問しても、嫌な顔一つせずに応対してくれ、気が合った私をチャン付けで呼んでかわいがってくれた。

満州生まれの赤塚氏が少年期を新潟で過ごしたと知り、拉致の話を聞いてほしいと思ったことがあったが、やめた。

漫画連載の終了から15年もたった2003年、フジテレビ系列で2時間ドラマ「北朝鮮拉致〝25年目の真実〟」が放映された。私も画面に少し出たので、あちこちから電話がかかった。

「驚いたわ。こんな仕事をしていたなんて。赤塚に一言も言わなかったじゃない。何で隠していたの」

真知子さんだった。

脳内出血で倒れた赤塚氏は意識が戻らないまま、東京都文京区の順天堂大学医学部付属順天堂医院に入院していた。

「不二夫ちゃん！　起きなさい！　アベちゃんが来たよ。今から拉致の話させるから。起きて！」

眠り続ける氏の耳元で大声を上げた真知子さんに、また、聞かれた。

「あのころ、北朝鮮の話、なんでしなかったの」

虚報、誤報とされている記事を、自分が取材して書いた、などと話すことは、しんどかった。要するにエネルギーが欠乏していた。

見舞いから3年、真知子さんがくも膜下出血で急逝。その2年後、意識が戻らないまま赤塚氏も永眠された。

赤塚漫画の担当が終わって間もなく、私は社会部を離れ、記事に見出しを付けたり、紙面の割り付けをしたりする整理部へ異動した。拉致報道でコンビを組んだ先輩記者とは思い出話をすることもなく、疎遠になっていった。

遺留品破棄

拉致報道の「第1氷河期」(80~88年)。この間、2つ、重要なことがあった。

1つは私の拉致取材の端緒だった富山の未遂事件が、発生から7年過ぎた85年、逮捕監禁致傷罪の公訴時効を迎え、遺留品類が廃棄処分されていたことだ。

アベック連続蒸発報道直後の80年3月の国会で警察庁の中平和水刑事局長は4件の関連を否定した際、富山の事件について次のように答弁していた。

《犯人にたどり着くのは、何といっても残された遺留品でございますから、遺留品につきましてさらに鋭意捜査を続けてまいると、こういう方針で臨んでいるわけでございます》

ところが不起訴処分後、ゴム製の異様なサルグツワなど8種類ほどの貴重な品々が検察の手で捨てられていたのだった。

「あれは検察の大失態だった。考えられない」。そう指摘する声が今はあるが、未遂事件そのものが何の社会的関心も呼んでいなかったから、当事者以外のだれも廃棄の事実を知らなかった。私は拉致疑惑を大きく報じた者として、犯人の海外逃亡による公訴時効の停止を考慮して、当然、遺留品類は大事に保管されているものと思い込んでいた。

あのサルグツワだけは残してある、と耳にしたこともあった。すべて捨てられたと知ったときの驚きは小さくなかった。

遺留品廃棄が公になったのは、産経の報道から17年たって、政府の拉致事件認定が明らかになり、長く埋もれていた富山の未遂事件が亡霊のようによみがえった後だった。

97年、後述するように横田めぐみさん拉致疑惑発覚、家族会結成と続いたのだが、私は東京本社の社会部長を命ぜられ、そろそろ後輩記者に拉致取材をバトンタッチした方がいい時期を迎えていた。若手の中村将記者を拉致の世界へ引きずり込んだ。彼が同年11月14日付で書いた4段記事が手元にある。

《拉致未遂の証拠品廃棄　12年前に不起訴処分で　富山地検支部》

前日の参院法務委員会での橋本敦議員（共産）と法務省の原田明夫刑事局長の質疑を伝えたものだった。国会議事録によると、遺留品について以下のようなやりとりがあった。

――当時の新聞（注・産経を指す。それ以外に遺留品詳報はない）に大きく報道されていますが、（中略）北朝鮮の拉致事件にかかわるものだという重要な証拠資料の一つだと思いますが、どう判断されておりますか

《そのように考えられるものだろうと思います》

その遺留品が公訴時効と同時に廃棄されていたことが明らかになったのだった。

——国外逃亡ということになれば、時効中断ということで、新たな捜査が必要ですね。証拠物件が処分されてしまっているという問題については、今後の捜査の支障の有無について、どうお考えですか
《その点については遺憾であると言わざるを得ないと思います》《記録は保持しているので、これを元に引き続き捜査することは可能だ》

苦しい答弁だった。

北朝鮮と拉致を結びつける唯一の物証を、他の一般事件と同じように、事務的に捨ててしまう……。「北朝鮮による日本人拉致」が、少なくとも検察当局の念頭になかった象徴的なできごとに思えてならない。

富山の拉致未遂事件の捜査は85年夏、時効により完全に終わった。北陸の夏の浜で起きた小さな事件。公訴時効完成、遺留品処分ともに検察の広報発表などあるはずもなく報道もなかった。

警察はどうだったのか。地元の警察署はともかくとして、私は警察庁には、かなり早い時期から北朝鮮による拉致疑惑の存在を感じ取っていた人が何人かはいた、と思っている。

ただし、組織として警察庁が富山、福井、鹿児島、新潟の4県警に再捜査を指示したことは、あったとしても、産経の報道後だと思う。

88年まで捜査当局の公式見解は前記の国会での関連否定答弁が唯一、すべてだったことは

事実だ。

辛光洙

拉致報道の第1氷河期に起きた、もう一つのできごとは北朝鮮の大物工作員、辛光洙容《シングァンスよう》疑者が日本人に成りすまして入国した韓国で逮捕され、大阪の原敕晁《ただあき》さん拉致事件が初めて明るみに出たことだった。

85年11月、ソウル刑事地方法院（地裁）の死刑判決文ほど日本人のだまされ拉致・背乗りの実態を克明に再現している資料は他にないのだが、当時、それが報道されることはなかった。

拉致関連では、こうした「報道されずにきたこと」が実に多い。私自身、ソウル支局に判決文入手を依頼し、翻訳を手にしたのは12年も後、97年のことだった。

日本語訳で2万語に及ぶ判決文を読むと拉致・背乗りが北朝鮮の国家犯罪であり、朝鮮総連も深くかかわっていたことがよくわかる。以下、97年に産経が紙面掲載した詳報の要約を一部解説を加えて書く。

工作員には3通りのタイプがある。北朝鮮で高等教育を受けて採用された者。先輩工作員に「獲得」された在日の韓国・朝鮮人。そして辛容疑者のように日本に長く暮らし、帰国後に採用された者だ。

辛容疑者は29年、静岡県浜名郡新居町（現・湖西市）で在日2世として生まれた。日本名は「立山富蔵」。立山を望む富山県高岡市で少年期を過ごしたことと日本名の関わりは分からない。

日本の敗戦を機に両親らと現在の韓国へ帰った。朝鮮戦争が始まると北朝鮮の義勇軍に自ら入隊して出征。結婚して4児の父になり、朝鮮労働党に入党した。

55年、ルーマニア・ブカレスト工業大学に入学、機械技師資格証をとって北朝鮮へ帰った。71年に対南（韓国）工作員に選抜されると、招待所（注・外国人や工作員を収容する施設）で毎朝7時から深夜11時まで指導員から金日成主体思想、金日成革命史などの思想教育のほか、通信技術、工作（活動）実務などのスパイ教育を受けた。

そして、73年2月、「日本国内に土台人（協力者）を作れ」「南の情報を集めて報告せよ」と命じられた。

このときは拉致や背乗りの任務は含まれていなかった。

その年の夏、石川県・能登半島の海岸から最初の密入国を果たすと、大阪市生野区などの潜伏先を転々としながら活動を続けた。

76年1月、朝鮮総連関係者に紹介されたのが、後に原敕晁さん拉致の実行共犯となり、ソウルで辛容疑者と同時に逮捕されることになる金吉旭《キムキルウク》元朝鮮学校校長だった。

「対南工作事業に加わるならば、持病の高血圧も治療できるようにする」

そう勧誘して配下にし、韓国系の在日本大韓民国民団（民団）に偽装転向することなどを指示した。

本国からの指令で、76年9月、富山県滑川市の海岸に迎えに来たゴムボートに乗り込み、沖で工作支船、母船に乗り換えて北朝鮮へ一時帰国した辛容疑者は80年まで再び平壌市龍城などの招待所で思想教育と「日本人になるための教育」を受けた。政治、経済から文化、風俗まで、刊行物や書籍で日本についての知識を詰め込んだ。

そして——。

日本人を北朝鮮へ拉致し、その身分を盗用して対象人物に成りすますよう命じられたのは80年2月だった。ちょうど産経のアベック連続蒸発報道の直後にあたる。

背乗りの方法を2通り具体的に伝授された。

「大都市の市役所や区役所の戸籍担当職員を買収して、死亡の戸籍処理がなされないで生存者になっている死亡者の戸籍を入手し、その身分を盗用する」「大都市や港町に多くいる日雇い労働者、失業者のなかから適格者を物色した後、相手をよく把握し接近して心安くなってから買収して戸籍を入手し、その対象者を北朝鮮に拉致した後、その身分を盗用して対象の人物に成りすます」

対象者は「日本人であること。年齢は（辛容疑者と同じ）45〜50歳くらいであること。独身で、身寄りのない者であること。日本の警察に指紋や写真を登録したことがない者（注・逮捕歴がない者）」とされた。

フグ

80年春、工作船で宮崎県日向市の海岸から再上陸した辛容疑者は、指導員から教えられた2つの方法のうち、「対象者を北朝鮮へ拉致して背乗り」という方法を試みることになる。

その前に大阪・梅田の焼き肉レストラン「明月館」で朝鮮総連傘下の大阪商工会会長、「甲」に会い、北朝鮮にいる彼の息子の写真と手紙を見せて協力を取り付け、資金調達、連絡拠点責任者にした。工作員が在日朝鮮人を仲間に引き込む常套《じょうとう》手段だ。

大阪に潜伏することに決め、簡易宿泊所が集まっている大阪市阿倍野区に拠点を作ったが、拉致対象者の物色は簡単にはいかない。

そこで甲に頼み込んだ。

「日本人1人をぜひとも（北朝鮮に）送り込まなければなりません。1人でやろうとずいぶん努力してきたが、うまくいかない。ぜひ、探してみてくださいませんか」

甲は部下の大阪商工会理事長、「乙」に依頼した。

「日本からいなくなっても捜す人がいない人物を1人物色してみてくれ」

日を置かず、乙から提案があった。

「物色するのも大変だし、こんなことを誰に頼むわけにもいかず、考えあぐねた末、自分が経営する中華料理店の従業員に原敕晁という、祖国が求めている条件に合致する日本人がいる。この人物は、どうでしょうか」

乙は原さんの住民票と履歴書を辛容疑者に渡し、原さんのプライベート情報を報告した。

「私の知るところでは、（原さんには）逮捕歴もなく、外国旅行も一度もしたことがなく、借金をしたことも、つけで酒を飲むこともなく、所得税を申告したことも、健康保険の申請や年金加入の事実もなく、銀行に口座を開設したこともないようです」

「条件に合致する」と判断した辛容疑者は原さんに背乗りすることに決めた。原さんの、とんでもない運命が、ごく事務的に決められたことになる。

辛容疑者は、原さんの戸籍を入手して、本当に家族や親戚がいないかどうか確認するよう乙に指示すると、暗号にした国際電報で身分盗用人物を見つけたことを、大阪・梅田から本国に発信した。

「至急、帯同復帰（注・一緒に連れて帰ること）の準備組織を頼む」

簡易宿泊所で夜中にこっそり聞いたラジオ平壌放送の暗号放送は、こうだった。

「同志の活動成果を祝す。復帰日時は1980年6月××日21時、場所は宮崎市青島海水浴場の北端の海岸とする」

拉致実行の日時、場所を詳しく指定された。

「切迫しているので警戒心を高め、間違いなく接線（注・迎えの工作員との合流）に臨むこと」

辛容疑者は甲に「以前に朝鮮人学校の教師をしていた金吉旭先生（元朝鮮学校校長）にも助力してもらう」と拉致計画を打ち明け、「万一のことを考え、あなたと乙にも接線場所まで行ってもらえますか」と求めた。

甲は「自分たちは総連の合法活動家なので困難と思われます」と渋ったが、結局、乙が宮崎まで同行することになった。

辛容疑者、金元校長、甲、乙4人そろっての最終謀議場所は大阪市内の新御堂筋沿いのフグ料理専門店3階の部屋だった。

フグを食べながら拉致の計画を練る。異様な光景だ。

甲は貿易会社の社長、辛容疑者は「坂本専務」、金元校長は「金沢常務」と役割分担を決め、九州・宮崎の海辺の島にある甲の別荘で面接して新入社員に採用する、と原さんをだまして連れ出すことにした。

間もなく、辛容疑者は拉致現場の安全を確認するため、わざわざ宮崎まで日帰りで下見に出かけている。先に紹介した久米裕さん拉致の宇出津事件でも、拉致に協力した補助工作員、「R」は遠く能登半島まで出かけて現場を下見していた。

拉致は金と時間をかけた用意周到な犯罪だった。

任務完了

80年6月中旬、原さん拉致実行の日が来た。

「(大阪の)新御堂筋の高級料理店に集まり、原敕晁を宮崎へ連れて行って、拉致する作戦を開始する」

辛容疑者からの電話で、貿易会社社長役の甲（朝鮮総連傘下の大阪商工会会長）、常務役の金・元朝鮮学校校長、原さんの働く中華料理店経営者で大阪商工会理事長の乙が料亭2階の部屋に集まった。何も知らない原さんは誘われるままにやってきた。

4人は台本通りの小芝居を打ち、嘘の就職話と面接話を持ちかけて原さんをだました。社長役の甲が鞄《かばん》から100万円の札束を取り出して専務役の辛容疑者に渡し、こう言って中座した。

「私は時間がないので、君たちだけでこの金で旅行でもして、数日後に（海辺の島にある）私の別荘で、また会おう」

甲がいなくなると、辛容疑者は原さんに、どんどん酒をすすめた。

「社長もいなくなったので、心ゆくまで飲みましょう」

夜8時半、泥酔させた原さんを乙が抱えるように同伴して大阪駅から夜行列車に乗り込んだ。辛容疑者、金元校長は別行動で、2人を遠くから監視しながら同じ列車で九州へと向かった。

途中、大分・別府で1泊した。原さん、乙とは別のホテルに気づかれないようにチェックインした辛容疑者は部屋でラジオの平壌放送を聴取し、暗号で予定通り拉致決行を最終確認した。翌日、辛容疑者は金元校長と観光した後、バスで青島海岸へ。途中、遊園地などで時間をつぶし、夜8時半ごろ、宮崎の青島海岸に近いホテルのロビーで、先に着いていた原さん、乙一行と合流した。原さんは夕食時に酒を飲まされて、すでに泥酔状態だった。辛容疑者が「寝るには、まだ早すぎるので、散歩に行こう」と誘った。打ち合わせ通りだった。

海岸の松林を通って、北朝鮮からの工作員との合流場所である海水浴場北端の小川が流れる地点に着いた。

すでに上陸して潜んでいた4人の工作員が現れた。

「うちの会社の船を持ってきた人たちだから、心配しなくていい。私と原さんが先に社長の別荘に行って、このボートを戻すから、常務たちは後から来てください」

原さんをゴムボートに乗せた辛容疑者は、金元校長と乙を海岸に残し、自分も工作員たちと一緒に乗り込んで沖に待つ支船、母船を乗り継いで北朝鮮に帰った。

酔いがさめた原さんは、いつ、自分がだまされたことに気づいたのだろうか。社長役の甲の別荘があるという島が、実は北朝鮮であることを知ったときの驚きは、どれほどだっただろうか。ご想像いただきたい。

判決文によれば、工作船が北朝鮮西部の南浦《ナムポ》港に着くと、辛容疑者は出迎えに来た指導員たちに原さんを引き渡したという。

ここまでは拉致だ。

ここからが背乗りだ。

辛容疑者は「原敕晁」に成りきるため、平壌市内の招待所で原さんの学歴、経歴、家族関係といった身元事項を丸暗記した。調理師だった原さんの経歴に合わせて料理人の職業訓練まで受ける念の入れようだった。

「徹底的に日本人、原敕晁に成りすまし、合法身分を取って協力者を探し、南朝鮮（韓国）に情報網を作り、各種情報を収集報告せよ」

新たな任務を命じられて日本へ戻ったのは80年11月だった。

産経は88年1月29日付朝刊で《韓国側の捜査資料を入手　8年前の北朝鮮スパイ事件「コックら致」克明に》と原さん拉致を改めて報じているが、私が判決文を読んで本書で書いているような詳細を知ったのは、前述した通り判決から12年も後の97年だった。

悔やまれる。早期に大きく詳報していれば、後述する日本の国会議員による辛容疑者の釈放要請署名は防げたかもしれない。日本警察による辛容疑者の聴取・取り調べも実現したかもしれない。

免許証

合法的に日本人に成りすます――。今は、まさか、こう簡単にはいかないだろうが、当時、北朝鮮工作員が日本人に化けることは容易だった。

辛容疑者は次の手順で、拉致した「原敕晁」になった。

【81年9月初旬】

東京都豊島区要町のアパートの一室を「原敕晁」名義で、保証金20万円、月4万5千円で借りて入居。原さんの本籍地・島根県松江市の戸籍課長宛てに「海外旅行に必要なので戸籍抄本を速達で送付願います」という内容の申請書を発送した。


【約10日後】

戸籍抄本入手。


【9月中旬】

大阪府東大阪市役所で東京都豊島区への転出申告。すぐに上京し、豊島区役所で転入申告。同時に「原敕晁」名義で印鑑登録証、国民年金手帳、国民健康保険証の発給を受ける。


【10月初旬】

自動車運転免許証取得。


【10月下旬】

東京・高田馬場の喫茶店で朝鮮総連元活動家の「C」と会って協力者に囲い込み、彼が経営していた金融会社の社員在籍証明書を作成してもらって、東京・有楽町の交通会館内にあった東京都旅券課に旅券申請。


【11月2日】

旅券発給。

戸籍抄本から旅券まで、すべて偽造ではない。「原敕晁」名義の本物だ。対象人物を選ぶ際に「健康保険の申請や年金加入の事実もなく」とした意味が分かる。ダブって二重申請になってしまうと、何かの拍子に怪しまれて足がつく恐れがあるからだ。

それにしても運転免許が、こんなに簡単に取得できるのだろうか。

自身の経験に照らして疑問に思ったが、辛容疑者は北朝鮮・平壌で運転の教育も受けていた。これは後に日本への帰国を果たした拉致被害者、曽我ひとみさんの証言とも一致する。

曽我さんは一時期、平壌市内の招待所で辛容疑者から教育を受けたが、彼が「(工作員は)車の運転の教育まで受けなければならないんだ」と話したことがあったという。

ただし免許証は運転のためではない。日本社会で免許証が身分証明書代わりに通用していることを北朝鮮は承知していたと判決文にある。

辛容疑者は、わずか2カ月間で「日本人・原敕晁」に成り切り、北朝鮮が言うところの「合法身分」を取ったことになる。

高校まで日本で育ったので言葉の壁はない。すでに本物の原さんは日本にいない。完全に入れ替わったのだ。ハプニングでも起きない限り、ばれることはない。工作船で荒波の日本海を往来する必要もなくなった。

82年春、辛容疑者は発給を受けた旅券を使い成田空港から堂々と出国した。モスクワ、パリを経由し平壌へ帰った。その後も毎年のようにヨーロッパ、アジアなどへ渡航しては、日本への出入国を繰り返した。発覚しそうになったことは一度もない。

以上が、拉致・背乗りの実態の一端だ。北朝鮮工作員が日本人を拉致し、その人物に背乗りして対南工作のため韓国へ渡る——。富山の拉致未遂事件やアベック3組蒸発の取材時に私と先輩記者が想定した通りの外事犯罪だった。

同年4月中旬、逆ルートで日本に戻った辛容疑者は、協力者のCや原さん拉致の共犯であり、民団へ偽装転向させた金元朝鮮学校校長から訪韓の報告を受けた。

「金浦空港滑走路付近には対空砲陣地が何カ所かあった。現代造船所では100万トン級の船舶を建造することができる世界最大級のドックが設置されていました。『4・19記念日』（注・60年に韓国・ソウルで学生数千人が大統領選挙の無効と李承晩政権打倒を叫び行進した日）を前にして、ソウルでは大学生たちの反政府デモが連日起きています」

「釜山の海岸一帯の地形と軍人たちの海岸警戒哨所の勤務状態を探ってみましたが、哨所は海岸に侵透してくる北朝鮮工作員を索出するために観察が容易な地点に設置されています。われわれの工作員がそこから侵入するのは難しいと思われます」

辛容疑者は警戒哨所の位置略図まで提出させた。南侵を企てる北朝鮮にとって、こうした情報が重要だったのだろう。

逮捕

85年1月下旬、朝鮮総連の元活動家、Cが経営していた東京・東池袋の韓国クラブで2級秘密の表示のある「チームスピリット（注・米韓合同軍事演習）'85訓練計画書」を受け取った辛容疑者は、2月24日、「日本人・原敕晁」として初めて韓国へ渡航した。

これが運の尽きとなった。

張り巡らせたスパイ網を点検するためにソウル市内の新羅ホテルに宿泊していた「日本人・原敕晁」こと辛容疑者は、協力者の密告により国家保安法違反容疑で逮捕された。発表は同年6月28日だった。

韓国側の発表とはいえ、北朝鮮による日本人拉致が初めて公式に明らかになった。日本での報道は、どうだったか。新聞の扱いは大きくはなかったから、記憶している人がいても、ごく少数だろう。

産経は夕刊1面4段の共同電で《韓国当局　北朝鮮スパイ逮捕　ら致した日本人になりすます》。朝日、読売、毎日は、いずれも社会面脇（注・準トップ級）扱い。朝日の5段見出しは《日本人ら致、身代わりスパイ》。読売は《ら致した日本人に〝変身〟》。毎日は《身代わりスパイ、逮捕》だが、横に並ぶ《身代わり受験、退学》と韻を踏んだようなセットの見出しだった。

他紙の報道を揶揄《やゆ》しているわけでは、決してない。当時、北朝鮮による日本人拉致は、その程度のニュース価値とみられていたのだ。

産経は翌日も1面トップでアベック3組蒸発との関連を報じた。アベック3組が紙面に登場したのは久しぶりだった。

特定メディアの拉致報道を非難、批判することは本書の目的では、まったくないが、拉致報道に関して朝日新聞は記事の扱いが目立たないほど小さい、遅いなどと指摘され続けてきた。事実だと思う。

後述するように、横田めぐみさん拉致疑惑発覚（97年）後に顕著だったが、それ以前には次のような事実があったことも正確に書き留めておかなければ、公平さを欠くだろう。

辛容疑者逮捕の年、85年8月19日付朝日夕刊中面《ルポ'85》に半ページを割き、ベテラン編集委員の署名入り特集記事が載った。

《相次ぐ日本人拉致事件　北朝鮮工作員が暗躍か　旅券取得へ戸籍横取り》

前述した、警視庁が85年に摘発した西新井事件のほか、福井、新潟、鹿児島3件のアベック蒸発と富山の未遂事件などについても詳述し「当局は断定してないが、4組のアベックとも北朝鮮による拉致事件に遭った疑いが強まっている」「近隣の国との友好親善は大切なことだが、一方でこのような強制拉致事件が起きるのを平気で見過ごすことはできないだろう」と書いている。

「朝日、見たか？」

同僚に指摘されて読んだのだが、6年目にして出会った中身の濃い、すばらしい記事だった。朝日にも拉致に関心を持つ記者がいたこと、朝日がこうした記事を大きく掲載したことに驚き、感激までしたことを思いだす。

後の朝日の拉致報道ぶりとの、あまりに大きな落差はなぜなのか知らないが、80年から88年までの第1氷河期、他紙の報道を全て調べたわけではないが、私が産経以外の紙面で「アベック3組」を読んだと記憶するのは、この時だけだ。

久米裕さん拉致（宇出津事件）に続いて原さん拉致（辛光洙事件）も実行犯の逮捕・自供で疑惑から動かぬ事実に変わったが、日本社会は、これといった反応を示さなかった。どちらの被害者にも身寄りがなく（注・実際には原さんには九州に兄がいた）、誰も「北朝鮮に拉致された」と社会に訴えることがなかったためだろうか。新聞に続報らしい続報がなかったことも一因だろうか。

80年の大々的な報道を記憶する産経読者は別として、国民の多くは、どちらの事件も、そしてアベック拉致疑惑も、まだ知らずにいた、というほうが正確だろう。氷河期の先に、とんでもない展開が待っているとは、思いもよらなかった。ここに至る拉致取材は、いくつかの偶然に後押しされたが、ここからは大韓航空機爆破事件（87年）、めぐみさん拉致疑惑発覚（97年）といった新たな不幸、悲しみを経ることによってしか、拉致報道は前に進まなかった。

李恩恵

酒に酔った勢いもあり、上司に志願して社会部から整理部に異動して半年ほどたった87年11月29日のことだった。

バグダッド（イラク）発アブダビ（アラブ首長国連邦）、バンコク（タイ）経由ソウル（韓国）行きの大韓航空機がビルマ（現ミャンマー）沖上空で爆破され、中東から出稼ぎ帰りの韓国人ら115人（乗客104人、乗員11人）の命が奪われた。

アブダビで降りた「蜂谷真一」と、その娘「蜂谷真由美」名義の偽造日本旅券を所持していた男女が身柄を拘束された。いずれも北朝鮮工作員で、父役の金勝一《キムスンイル》容疑者は隙をみて服毒自殺し、娘役の金賢姫《キムヒョンヒ》容疑者だけが逮捕されて韓国へ移送された。間もなく犯行を全面自供。翌年に開催予定だったソウル五輪を妨害するため、荷物棚に爆弾を仕掛けたと供述した。

北朝鮮は、「金賢姫」なる女性は北朝鮮には存在しない、として事件への関与を強く否定した。金賢姫元工作員の逮捕劇の陰には現地の日本人外交官の活躍があったのだが、もし、あのまま「日本人父娘」が計画通りに逃走し、行方をくらましていたら、まったく別の問題が浮上していたに違いない。

航空機爆破というテロ自体が衝撃的だったが、日本を震撼《しんかん》させたのは年が明けた翌88年1月15日、テレビに流れた金元工作員の記者会見での一言だった。

「『李恩恵《リウネ》』という日本から拉致された日本人女性から（日本人化）教育を受けました」

久米裕さん、原敕晁さんの拉致やアベック3組拉致疑惑には全くといっていいほどに関心を示さないできたマスメディアが色めき立った。

日本から拉致された女性？　そんな人が本当にいるのか？　それは一体誰なのか？　いるとすれば、産経が8年も前に、北朝鮮によって拉致された疑いが濃厚と報じたアベック3組の女性だけだった。

福井事件の浜本富貴恵さん、鹿児島事件の増元るみ子さん、新潟事件の奥土祐木子さん。金元工作員の日本人化教育係だったという「李恩恵」とは、このうちの誰なのか。メディアの関心が集中した。

整理部員の私は雑誌「正論」88年3月号に《9年前に取材した〝真由美〟（注・金元工作員のこと）の教師》という拙稿を依頼されて書いた。

《「恩恵」が三人の蒸発女性のだれなのか、といった推測報道も行われている。「恵」の字が共通することから、浜本富貴恵さんではないかという見方もある。私は、この推測を支持する。が、「別の日本人女性」であるかもしれない、とも思う。私たちが線で結んだ三つの〝点〟以外に、海辺で、あるいは街角で埋もれてしまっている〝点〟が、もっとあるのではないか――そんな思いが、（取材した）九年前から消えないからだ》

結果からすれば「李恩恵」は、別の〝点〟だったわけだが、そうした〝点〟が存在する、つまり他にも拉致被害者がいることに確信があったわけではなかった。

政府も警察も、まだ拉致疑惑の存在そのものを認めてはいなかったが、金元工作員の発言を受けて、長い間、産経の報道を虚報扱いし続けてきた新聞、テレビがこぞってアベック3組を、まるで自社の既報であるかのように扱う報道があふれた。あぜんとしたが、アベック3組に関心が向けられること自体は、悪いことではなかった。

拉致報道に消極的だったとされる朝日も、北朝鮮が拉致を認めた後の2002年12月27日付の検証記事で「恩恵の存在が明らかになった88年1月から翌月にかけ、朝日は3事件（注・

アベック3組拉致疑惑を指す）に触れた記事と投書を17本掲載した」としている。

他紙も同様だった。アベックの家族たちは時ならぬマスコミのメディアスクラム（集団的過熱取材）にさらされ、疲労困憊《こんぱい》した新潟の蓮池家では「取材お断り」の貼り紙を出したほどだった。

ところが、洪水のような報道は、ほんの一時でしかなかった。「まるで線香花火のような騒動だった」と被害者家族たちは述懐した。

88年3月26日

「李恩恵」が、産経が報じたアベック3組の女性の誰にも該当しないことが分かり、大韓航空機爆破事件の実行犯、金賢姫元工作員の発言の信憑性が揺らぎかかると、その反動もあってだろう、拉致報道は潮が引くようにやんだ。

一方で、大韓航空機爆破事件の韓国陰謀説が韓国内ばかりか日本でも一部政党やマスコミによって、まことしやかに紹介されたりもした。アベック3組の拉致疑惑は再び、虚報、誤報の世界へと戻った。97年の横田めぐみさん拉致疑惑発覚まで続く拉致報道の「第2氷河期」が始まった。わずか2カ月足らず、間氷期はつかの間だった。

《拉致された直後は確証がなかったにしても、大韓航空機爆破事件のときは、金賢姫元北朝鮮工作員の証言から、北朝鮮による日本人拉致があったことはかなりの確度で言えた。報道は弱者救済という使命がある。被害者が連れ去られ、被害者自身や家族が大変悲痛な思いで助けを求めていた。各社がこぞって事件を北朝鮮との関係から取り上げていれば、世論は怒りの声を上げ、政府、政党も積極的に動かざるを得なくなっていただろう》

前述した共同通信社「報道と読者」委員会での元最高検検事、土本武司氏の発言だ。

耳の痛い話だが、マスメディアの拉致への無関心は、その程度では済まなかった。

バブル景気真っただ中だった。私が「メディアが死んだ日」と自戒を込めて言い続けている88年3月26日を迎える。この日の意味合いを理解いただくため、ここまでの軌跡を簡単に整理する。

（1）産経が北朝鮮によるアベック3組の拉致疑惑、1件の拉致未遂事件を報じる（80年1月）。虚報、誤報とされる
（2）政府、3件の事件性、4件の関連否定答弁（同年3月）
（3）辛光洙容疑者ら韓国で逮捕。原敕晁さん拉致発覚（85年）
（4）富山の未遂事件、公訴時効を迎える（同）
（5）大韓航空機爆破事件（87年11月）
（6）金賢姫元工作員、日本から拉致された日本人女性「李恩恵」の存在を証言（88年1月）。アベック3組の女性と「李恩恵」の関連に注目が集まる（同年1〜2月）
（7）金賢姫証言の信憑性が揺らぎ、アベック3組の拉致疑惑は再び、闇の中へ（同年3月）

「メディアが死んだ日」と大仰に書く以上、マスメディアが報じることがなかった、この日の参院予算委員会の質疑を正確に再現したい。

質問者は共産党の橋本敦議員、答弁した政府委員は警察庁の城内康光警備局長だった。今度は、80年の時と違い、一般の刑事事件を所管する刑事局長ではなかった。質問者がなぜ共産党議員だったのかは後述する。

――昭和53（1978）年7月と8月、わずか2カ月間に4件（注・未遂含む）にわたって若い男女のカップルが突然姿を消すという事件が立て続けに起こっているのであります。これは極めて重大な事件でありますが、福井、新潟、鹿児島そして富山、こうなりますが、1件は未遂であります。警察庁、簡単で結構ですが、この3件の事件の概要について述べてください

80年の産経報道から8年、アベック3組の拉致疑惑が初めて国会の場で取り上げられた瞬間だった。

《お答えいたします。まず、昭和53年の7月7日に福井県の小浜市で起きました男女の行方不明事件についてでございますが、当該男性は7月7日に同伴者とデートに行くと言って軽貨物自動車で家を出たまま帰宅しなかった。自動車はキーを付けたままの状態で発見されております。当該女性はデートに行くと言ったまま帰宅しなかったけれども、この同伴者と結婚することになり大変喜んでいた状況がございまして、自殺することは考えられません》

答弁の中で行方不明「事件」と明言した。前述したように80年時点では警察庁は「問題」

としていた。アベック３組の蒸発を、捜査当局が、やっと「事件」と認定したのだ。
次は新潟事件だった。
《53年7月31日に新潟県の柏崎市で起きた事件でございますけれども、やはり当該男性が家の者に、ちょっと出かけてくる、自転車を貸してくれと言って自転車で出かけたまま帰宅しなかった。自転車は柏崎の図書館前に置いてあったのが発見されたわけであります。当該女性は、勤務先の化粧品店で仕事が終わった後、同伴者とデートすると店の従業員に話しておりまして、これも家出などの動機はございません》
続いて鹿児島事件に移った。
《3つ目に、同年8月12日に鹿児島県で起きた事件でございますが、当該男性は同伴者を誘って浜に、海岸に夕日を見に行くと言って出たきり帰宅しなかったということでございます。14日の日に、その浜のキャンプ場付近でドアロックされたまま車両が発見されております。女性も家の者に、同伴者と浜に夕日を見に行くと言って出たままであるということで、これも動機はありません》
最後は富山事件だった。
《富山県で起きました未遂事件のことでございますけれども、この事件につきましては、8月15日の午後6時30分ごろ、海岸端を歩いていた被害者である男女が自分たちの乗車してきた自家用車の駐車場に帰るために防風林の中を歩いていたということで、そうしたら前方を歩いていた4人組がいきなり襲いかかって、防風林内に引きずり込んでゴム製サルグツワあるいは手錠、タオルなどを使用して縛り上げて、それぞれ寝袋様のものに入れたと。そして現場から数十メートル離れた松林内に放置したということで、原因は分かりませんが、その4人組はいなくなりまして、その後、その男女は別々に自力で脱出いたしまして110番した、こういう事件が発生しております》

いずれも被害者名は伏せられたが、お分かりのように、どの事件も産経が80年1月に報じた内容と完全に重なる。

富山のケースも公訴時効がとうに成立した逮捕監禁致傷事件ではなく、初めて拉致未遂事件とされた。

――未遂事件を除いて忽然《こつぜん》と姿を消した3組の男女について、今も（家出、自殺などの）動機はないとおっしゃいましたが。いずれも結婚の約束をして挙式を目前にしている。そういうわけで家族も、家出などは絶対に考えられない、こう言っておりますし、さらにまた残されたカメラを現像してみますと、仲よくそれぞれ写真を撮ってそのまま残しているということで、こういう笑顔を残して蒸発してしまうということも、これも異様である。こういうことから、これは誘拐された、こう見るのが当然だと思いますが、どうですか

ここから、当時としては驚くべき答弁が始まる。

《おおむね、そういうことではないかというふうに考えております》

――したがって、水難で海で死んだとか、自殺をしたとかいったような状況も一切ないわけですね。そこで問題は、この3件についていくつかの点で重要な共通点がある。いずれも日

本海側の浜辺、これが犯行現場と目される。それから若い男女がねらわれている。それからもう一つの点として言うならば、全く動機が何もないということと、その後、営利誘拐とみられる、あるいはその他犯罪と国内でみられるような国内的状況が一切ない、こういう状況がはっきりしている。いかがですか

《諸般の状況から考えますと、拉致された疑いがあるのではないかというふうに考えております》

すでに拉致が周知のことになっている「今」の視点からは、ごく当たり前の答弁に感じられるだろう。しかし「今」ではない。88年のことだ。

もし、私が記者席で傍聴していたら、きっと震えが始まっていただろう。

梶山答弁

国会での質疑を続ける。

――（富山の）未遂事件で遺留した物品があったようですが、これについての検討で犯人像は何か出てきませんか

《遺留品についてみますと、ゴム製サルグツワ、手錠、タオル、寝袋などがあるわけでございますが、その使われましたタオルのうちの1本が大阪府下（内）で製造された品物であるということがわかっておりますが、他のものにつきましてはいずれも粗悪品でありまして、

製造場所とか販売ルートなどは不明でございます》
――日本で販売している、日本で製造されている、そういった状況は一切なかったわけですか
《もちろん手を尽くしていろいろ調べたわけでございますが、結果として、製造元とか、販売ルートなどがわからなかったということでございます》
ちなみに、ここでは、前述した遺留品の廃棄処分については一切触れられなかった。その事実が明らかになるのは、ずっと後、97年のことだ。
続いて原敕晁さんに成りすまして入国した韓国で逮捕された北朝鮮の大物工作員、辛光洙容疑者や共犯の金吉旭元朝鮮学校校長に触れた後、質問者の橋本敦議員はアベック3組の家族たちの心痛を訴え、質問した。
――捜査を預かっていらっしゃる国家公安委員長として、こういう家族の今の苦しみや思いをお聞きになりながらどんなふうにお考えでしょうか
梶山静六国家公安委員長（自治相）は、それまでの質疑をくくるように答えた。
《昭和53年以来の一連のアベック行方不明事犯、恐らくは北朝鮮による拉致の疑いが十分濃厚でございます。解明が大変困難ではございますけれども、事態の重大性に鑑み、今後とも真相究明のために全力を尽くしていかなければならないと考えておりますし、本人はもちろんでございますが、ご家族の皆さん方に深いご同情を申し上げる次第であります》
これを通称「梶山答弁」という。

拉致について一度も公式に言及していなかった政府、警察が初めて北朝鮮による日本人拉致疑惑の存在を認めた。それまで拉致については、言ってみればゼロ回答だったのだから、一歩踏み込んだというレベルの話ではなかった。

続いて警察庁の城内康光警備局長が答弁した。

《一連の事件につきましては北朝鮮による拉致の疑いが持たれるところでありまして、すでにそういった観点から捜査を行っておるわけであります。被疑者が国外に逃亡している場合には時効は停止しているということが法律の規定でございます》

先に紹介した80年の国会では当時の警察庁刑事局長が次のように答弁して3件の事件性、4件の関連性に否定的だったことは、すでに書いた。繰り返しになるが、質問にも答弁にも「北朝鮮」「拉致」はなかった。

《4つの事件、1つは確実な事件でございますが、後の3つの問題と結びつくかどうかという問題でございますが、（中略）現在までの捜査では、関連性があるという客観的な証拠は実は何もないわけでございます》

8年を経て「北朝鮮による拉致の疑いが十分濃厚」と変わった。なぜなのか。

衆院内閣委員会で、いつ北朝鮮による拉致と突き止めたのか、という西村眞悟議員（自由）の質問に警察庁の奥村萬壽雄警備局長が時期の明示を避けつつ、次のように答えたのは、さらに後の２００２年11月６日のことだった。

《福井、新潟、鹿児島で連続発生しましたアベックの拉致容疑事案、それから富山県で発生をいたしましたアベック拉致未遂事案、これにつきましては、発生の時点では、目撃者がいない、証拠品もほとんどないということであったわけであります。警察といたしましては、ご家族その他の関係者からの事情聴取、付近の聞き込み、その他可能な限りの裏付け捜査を行いましたほか、韓国当局を含む関係各機関との情報交換など、一つ一つ証拠を積み重ね、情報を集める、まさに地をはうような捜査を営々と行ってきまして、その結果、北朝鮮による日本人拉致容疑事案と判断するに至ったわけであります》（委員会議事録から）

幻

88年3月26日の「梶山答弁」に戻る。

雑談やオフレコの場ではない。無責任な噂話ではない。国会の予算委員会で政府が北朝鮮の国名をはっきりと挙げて、人権・主権侵害の国家犯罪が「十分濃厚」とし、警察庁が「そういう観点から捜査を行っている」と答える。

これは尋常なことではない。だれでもトップニュースと思うだろう。

しかし、この答弁がテレビニュースに流れることは、ついになかった。

新聞は産経がわずか29行、日経が12行、それぞれ夕刊の中面などに見落としそうになる小さいベタ（1段）記事を載せただけだった。

産経の見出しは《アベックら致事件　北朝鮮の犯行濃厚》。日経は《「不明の三組男女　北朝鮮拉致が濃厚」梶山自治相》。

両社が加盟する通信社配信の原稿かと思ったが、読み比べると、それぞれ自社記事のようだ。

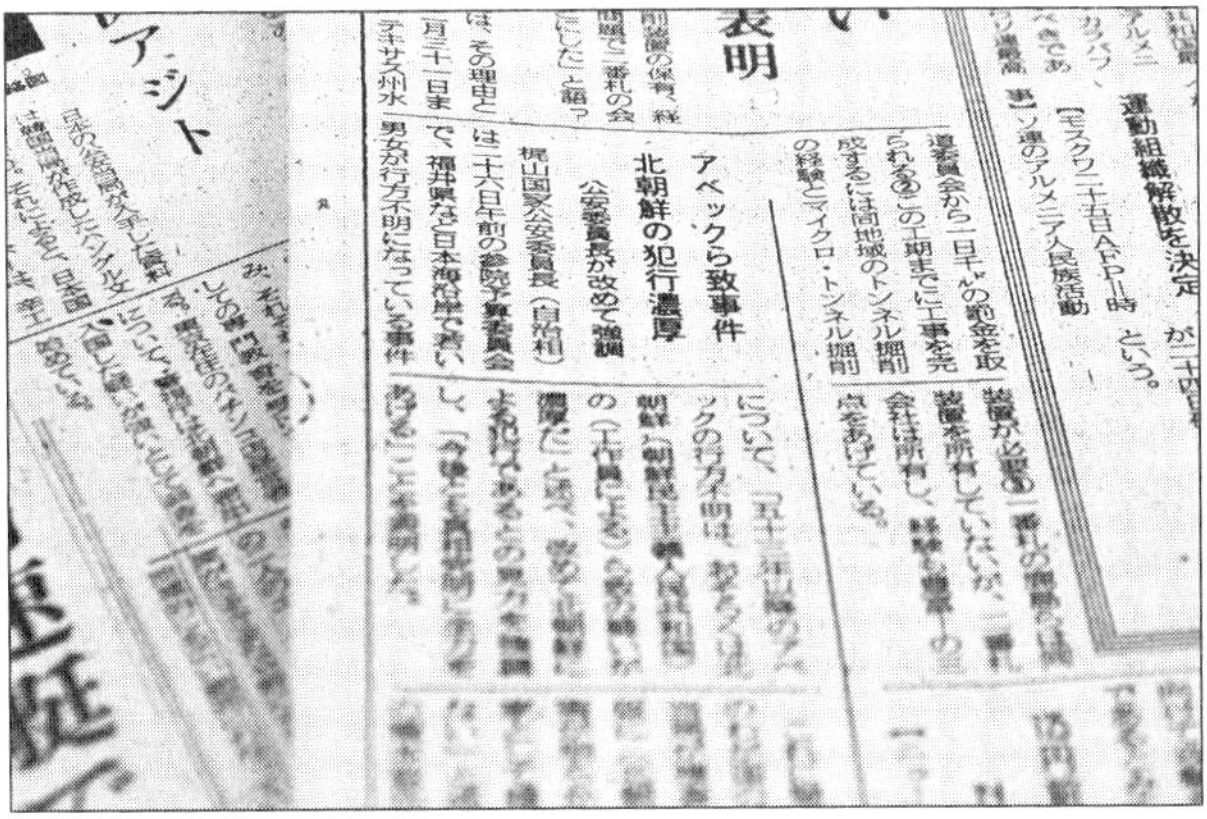
アベックら致事件
北朝鮮の犯行濃厚
公安委員長が改めて強調
梶山国家公安委員長（自治相）は二十六日午前の参院予算委員会で、福井県など日本海沿岸で相次いで男女が行方不明になっている事件

「梶山答弁」をベタ記事で伝えた1988年３月26日の産経新聞夕刊

朝日、読売、毎日には一行もなかった。

マスメディアの拉致事件への無関心は、ここに極まった。

まるで申し合わせでもしたかのように、足並みをそろえて無視したのだった。記事の扱いが小さいとか、遅い、というのではない。報じなかったのだ。

「メディアが死んだ日」という意味合いが、お分かりいただけるだろうか。

関係者によると、あの日、予算委員会の記者席では、いつも通り報道各社の記者たちが何人も傍聴していたそうだが、このときの答弁映像はニュース映像の宝庫であるはずのＮＨＫにも残っていないと聞く。誰も一度も目にしたことがないはずだ。

歴史的な国会答弁の映像が日本のどこにも存在しない。

不思議なことだ。

現在、ＮＨＫは拉致報道に相当熱心だが、長い間、拉致を無視し続けたように思う。

個々の記者がそろって無関心だったわけではなかったことは、後年、ＮＨＫの研修会に招かれてプロデューサーや記者たちと話す機会があって知ったが、世紀が変わるまでの20年間、まともな拉致疑惑報道を視聴した記憶がない。

ＮＨＫだけを責める気は毛頭ない。民放各社も同じだった。

「梶山答弁」自体は数行だが、この日の拉致関連の政府答弁全体が実は画期的なものだった。ただし、自分たち身内のことが国会で取り上げられたにもかかわらず、アベック3組の家族たちさえ、こうした質疑があったこと自体を、ずっと知らずにいた。

産経も詳報をしてきていないので、この機会に改めて紹介させていただいた。本書を書き始めた理由の一つでもあるからだ。

「梶山答弁」の無視――。長くメディアの世界の隅で働いてきたが、これほどまでに異様な経験は、この一度きりだ。

一体何があったのか。

各社の記者が、なぜ原稿にしなかったのか、あるいは原稿は書いたが、本社サイドでボツにしたのか。

いや、突然、あの質疑を聞いても、拉致についての相当な予備知識、関心がなければ一体何のことなのか訳が分からず、原稿にしようがなかったのではないか。答弁の重大さに気づかなかったのではないか。

そんな冷めた見方もあるが、「メディアが死んだ日」の真相は今もって分からない。報道しなかったという事実が報じられるはずもなく、「梶山答弁」は事実上、幻、つまり存在しなかったことになってしまった。

拉致についての政府の次の公式アクションは、97年、横田めぐみさん拉致疑惑発覚後に、国会で公表された拉致被害者認定まで待たなければならない。

この間、9年。取り返しのつかない空白が生じた。

自責の念

本書は私や産経の手柄話の場ではない。恥もさらす。

私自身、「梶山答弁」を報じた88年3月26日付産経夕刊掲載のベタ記事に気づかなかった。出稿部署を離れて整理部で仕事をしていた時期ではあったが、それは言い訳にならない。

翌日だったか、翌々日だったか、同僚記者に教えられて知った時点で、大きく紙面展開することを社内で強く主張すべきだった。政府が国会で北朝鮮による日本人拉致疑惑の存在を初めて認めた、となれば、他紙もテレビも、それなりの報道をせざるを得ないはずだった。

記者の常識からすれば、政府・警察にそれなりの確証がなければ「梶山答弁」にはならない。どんな確証なのか。これを契機に拉致取材合戦が始まる。新事実が次々に明らかになる――。世論が盛り上がる――。政府が動く――。北朝鮮が動く――。

そうはならなかったかもしれないが、いずれにせよ、意気地のない記者だったことを恥じ入る。

誤報、虚報とマスメディアに黙殺され、自分が取材したと親しい人にさえ言えずにきた、あの記事を政府、警察が国会の場で丸ごと追認したというのに、何もできなかった。しなかった。情けない話だ。

産経に限らず、1社だけが報じても世論にはならない。80年の産経記事の後追い報道はともかくとして、「梶山答弁」はマスメディアが拉致疑惑をそろって取り上げるべき最初の機会だった。この機を逃した意味の大きさは計り知れない、と今も思い続けている。

「梶山答弁」は大韓航空機爆破事件の実行犯、金賢姫元工作員の「日本から拉致された日本人女性（李恩恵）に教育を受けた」という、この年1月15日の記者会見発言の信憑性が一部で疑われていた時期と重なる。

3月26日の参院予算委での橋本敦議員の質問はアベック3組失踪だけでなく、金元工作員についても触れていた。城内康光・警察庁警備局長は次のように答弁している。

《金賢姫の供述は、いろんな点で信憑性があるというふうに私どもも考えております。金賢姫は全く自己にとって不利な供述をしておりまして、それは大変自然であり、また具体的な内容になっております。私どもの捜査員、警察庁の係官が韓国に赴きまして2回にわたって事情聴取をしたということからも、大変心証を得ておるわけでございます。それからまた、金賢姫の供述につきましてはいろんな点で裏付けがとれているわけでございます。そういった点を総合的に考えて、私どもは（大韓航空機事件に）北の関与があるというようなことを考えているわけでございます》

裏付けの一つだろうか、大韓航空機事件の実行犯、「蜂谷真一」「蜂谷真由美（金元工作員）」が犯行時に使った偽造の日本旅券についても、こう答弁した。

――この旅券が偽造された場所はどこですか

《その偽造旅券の作成に、北朝鮮の秘密工作員が関係していたということが分かっております。それからまた、金賢姫からのいろいろな事情聴取で、１９８４年、金賢姫が招待所におりましたときに、その年の７月に旅券用の写真を撮影し、それからまた８月にそれに署名をしたというようなことが分かっております。諸点を総合いたしまして、北朝鮮において偽造されたというふうに私どもは考えております》

金賢姫証言に疑いをはさむ余地など、なかったのだ。

――（「李恩恵」の身元特定の）経過はどうですか

《幅広く類似の行方不明者について調べておる所でございます。現在進行形であるということでございます》

――警察としては恩恵なる人物は日本女性で日本から拉致された疑いが濃いとみているんじゃありませんか

《そのように考えています》

粘りの捜査が実り、「李恩恵」を田口八重子さんと特定したと警察当局が発表したのは、この答弁から3年後だった。

第三章

産経も共産党も朝日もない

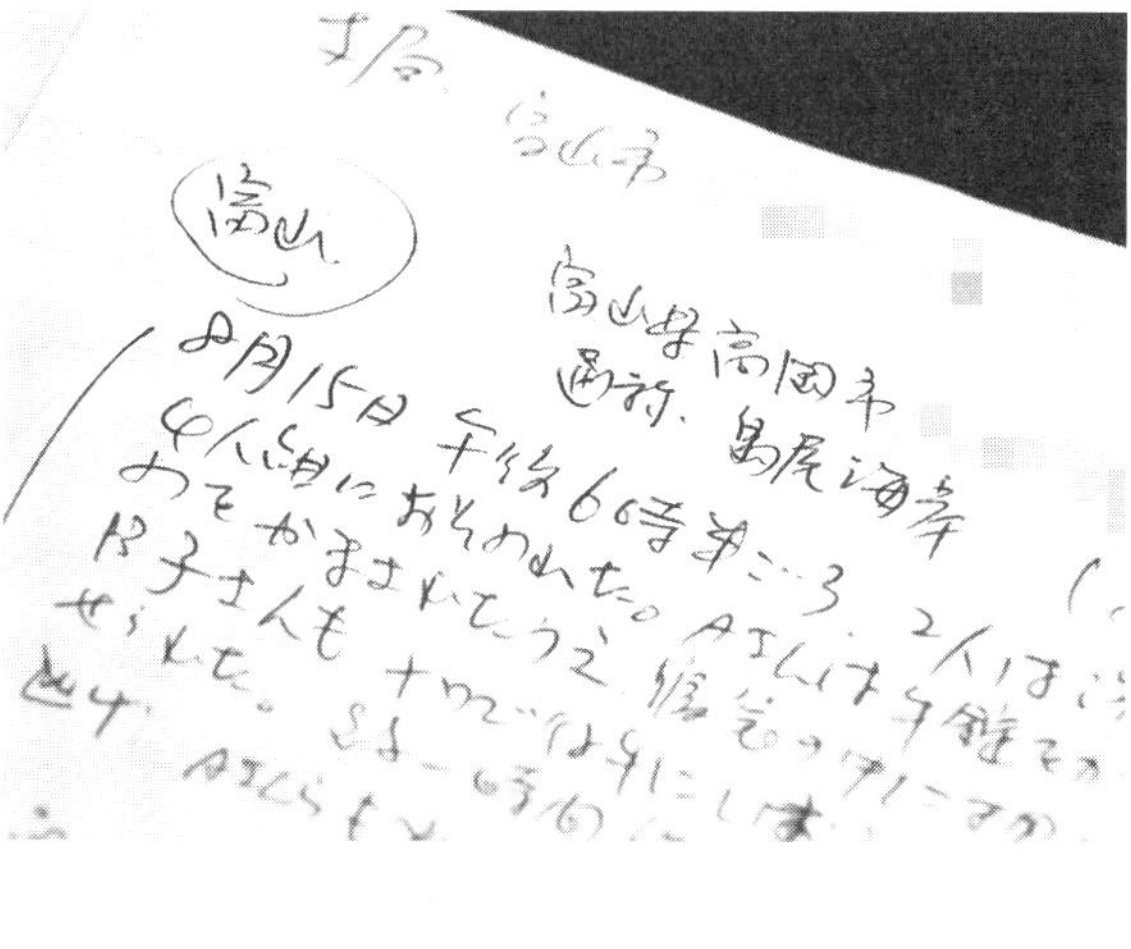

金丸訪朝団

北朝鮮による日本人拉致疑惑の存在を政府が初めて認めた幻の「梶山答弁」から間もなくして、日本列島に日朝国交正常化を待望する熱風が吹き始めた。猛烈な風圧を受け、シャボン玉のような拉致は、どこかへ飛んで消えた。

国交正常化熱の高まりには歴史的背景がある。

朝鮮半島のように同一民族が2つの政府のもとに統治されている分断国家の場合、片一方の国を承認した国は、他方とは外交関係を樹立しないことが国際社会の外交慣例だった。したがって、1965（昭和40）年に日韓基本条約を結んで韓国との国交を正常化させた日本は韓国の同意なしには、北朝鮮とは外交関係を持たない、としてきた。

それを大きく変えたきっかけは、88年7月7日の韓国の盧泰愚《ノテウ》大統領による南北統一問題に関する特別宣言、いわゆる「7・7宣言」だった。この中で北朝鮮が日本、米国など韓国の友邦との関係を改善することに韓国が協力を行う用意がある、としたのだった。

そうした南北融和ムードの下、90（平成2）年9月、自民党の金丸信元副総理、社会党の田辺誠副委員長が両党の国会議員らを引き連れて北朝鮮へ出かけた。いわゆる「金丸訪朝団」だ。

国交正常化を願う日本の世論は両氏に喝采を送ったと記憶する。

〈金丸信先生と田辺誠先生の引率する日本使節団を熱烈に歓迎する！〉

平壌での2万人市民によるマスゲームの人文字に金丸氏が感涙した、と伝えられたが、金日成主席との会談では拉致の話は出なかった。出さなかった。

そのことを問題視するメディアも、また、なかった。

念を押す。「梶山答弁」から2年後である。原敕晁さん、久米裕さん拉致については、すでに疑惑から事実となっていた時期である。

金丸訪朝団を皮切りに与野党を問わず、多数の国会議員、地方議員らが先を競うように平壌詣でをしたが、ここでも拉致への言及は一度としてなかった。

「一部メディアが勝手に言っているだけ」「証拠はあるのか」

保守系とされる議員たちからも耳を疑うような発言が飛び出したが、拉致疑惑の存在を知っているだけ、まだましだったと言うべきだろう。田辺副委員長に至っては後年、こう語っている。

「（訪朝）当時、拉致に関しては全く知らなかった。家族（注・後述する有本恵子さんの両親を指すと思われる）からの陳情も私には届いていなかった。行方不明者がいるという話を小耳にはさみ、訪朝前に外務省や警察庁に聞いたが、確認できなかった。金丸さんも私も人情家。知っていたら、必ず議題にしたと思う」（02年9月22日付読売新聞）

金丸、田辺両氏が人情家かどうか私は知らないが、拉致を全く知らなかったことは事実だったと思う。

「マスコミも含め、当時はそういう空気ではなかった」

「梶山答弁？　新聞もテレビも報じなかったじゃないか」

居直りに聞こえるかもしれないが、そうとばかりとはいえなかった。

日本政府が北朝鮮による拉致疑惑の存在を認めたにもかかわらず、そのこと自体が報道されないのだから、何も変わるはずがなかった。

国交正常化の熱にうかれていた日本社会に、拉致についての世論などというものは、まったく存在しなかった。

忘れ去られたのではない。先の田辺副委員長ではないが、そもそも知られていなかった。

このころ、後に語学留学していたヨーロッパでの拉致が明らかになる元神戸市立外大生の有本恵子さんの両親は、恵子さんが北朝鮮にいることを知り、「娘を捜して」と奔走していた。

金丸訪朝団メンバーにも北朝鮮政府に捜索を求めるよう仲介を依頼したが、無駄だった。

ソウル出張

被害者も加害者も向こう側にいるのだ。北朝鮮が犯行を認めでもしない限り、拉致事件解決への道筋は見えてこないが、そんなことは起こりえない、と思っていた。

根拠はある。年配の人ならご記憶だろう。83年10月、ビルマ（現ミャンマー）訪問中の韓国の全斗煥《チョンドゥファン》大統領一行を狙ってラングーン（現ヤンゴン）のアウン・サン廟《びょう》天井裏で遠隔装置の地雷を爆発させ、韓国閣僚４人を含む21人を爆殺したテロがあった。

87年には前述の大韓航空機爆破事件があった。いずれも、逮捕された実行犯の北朝鮮工作員が詳細に自供したが、北朝鮮は今日に至るまで自国の犯行とは認めていない。「南（韓国）の自作自演」「でっち上げ」が常套句だ。北の流儀からすれば拉致を認めるはずなどなかった。

最初の取材から9年が経過し、拉致されたアベックの戸籍がいじられていないか、役場への電話での問い合わせも、しなくなっていた。

拉致が事実であることを日本社会が認知する日は来ないかもしれない、と思い始めていた。

ましてや被害者たちが家族の元に戻るなどということは夢想もできなかった。

いつか何かの役に立てば、と手元に残しておいた拉致取材ノート「恋人作戦」や拉致現場写真のネガフィルムなどを捨てかけたこともあった。

88年春、報道されなかった「梶山答弁」から、わずか数日後のことだった。

「昔、あのアベック蒸発の記事を書いたのはキミか？　あれは拉致、事実だよ」

面識もない編集幹部から肩をたたかれなければ、40歳で整理部から出稿部署へ戻ることもなく、後に横田めぐみさん拉致と関わることもなかっただろう。

特集部という新設の出稿部に戻って最初の仕事は大韓航空機爆破テロで北朝鮮が妨害を

図ったソウル五輪の取材だった。

世界中の報道陣が詰めていたメインプレスセンター近くの路地裏に屋台が出ていた。テントに書かれた店名が変わっていた。

「C'est La Vie（これが人生さ）」

韓国滞在中、唯一、見かけたフランス語にひかれて入った。

先客はいない。イカか何かを炭火であぶっていた40歳前後の主人が、日本語で話しかけてきた。大阪で生まれ育った在日韓国人。故国へ帰り、今の商売を始めたという。

「子供のころ、日本でいやな目にあったりしたこと、ありますか」

余計なことを聞いてしまった。主人は一瞬困った顔をした。「しまった」と思ったが、主人の言葉に救われた。

「そりゃ、いろいろあったさ。石をぶつけられて、泣いて帰り、母親に『何でぼくは韓国人だからって、いじめられるんだ』って訴えたりね。でも、もう忘れたよ。日本人を恨んでなんかいない。本当さ。大事なのは未来だ。パルパル（注・88年五輪のこと）のスローガン、知ってるかい？『調和と進歩』だよ」

仕事が終わると毎晩のように、その屋台へ出かけ、主人と歓談するのが楽しみだった。

ある夜、韓国人グループが長椅子に座って酒を飲み始めた。五輪の取材記者証を下げていた。

こんな機会はめったにない。韓国内で大韓航空機爆破事件は韓国の陰謀という北朝鮮の主張に沿った通説が広がっていること、ソウルで捕まった北朝鮮工作員、辛光洙容疑者が日本人に成りすましていたこと、潜入した北朝鮮工作員による対南工作などが韓国内でどう報じられているのか。もろもろをたずねようと思ったが、それどころではなかった。

若い一人が、日本人である私に気づくと、いきなり英語で食ってかかってきた。

歴史云々《うんぬん》――。日本人云々――。トヨトミ・ヒデヨシ云々――。

腕をつかまれて外に連れ出されそうになったとき、主人が若者に何か言った。若者は口も手も出さなくなった。韓国語が分からないので、何と言ったのか、主人に聞いた。

「この日本人は俺の友達だ。乱暴するなって言っただけさ」

88年秋のことだった。

金賢姫

肝心のソウル五輪取材については、割り振られた競技がヨットやレスリングだったことくらいしか覚えていない。

五輪が閉会すると、すぐに今度は外信部へ移った。「新聞社は異動が多いな」と思われるかもしれないが、異動先がどこであれ、内示があれば二つ返事で受けることに決めていた。

新しい環境下での新しい仕事は、何でも楽しい。

「英語がダメなので」などと断ったりはしない。

昭和が平成に変わった。シンガポール特派員となった私は90年、熱帯雨林の連載企画をたて、マレーシアのボルネオ島サバ州コタキナバル近郊の処女林を訪ねたことがあった。

ふた抱えもあるような巨木の伐採現場へ地上から近づくのは、急峻《きゆうしゆん》な悪路に加え、有毒生物もいるので「無謀」と知り、東京本社に電話で了承を得てヘリコプターをチャーターした。

これなら上空から、切りだした丸太を満載して日本へ向けて出港する輸送船のいい写真も撮れる。車のチャーターならともかく、値の張るヘリのチャーターは後にも先にも、この一度きりだ。

ジャングルに降り立ち、取材を終えると一人の中年日本人に出会った。場所が場所だけに、鮮明に記憶に残っている。

商社の下請けで木材の買い付けをしていた人のようだった。名刺を渡すと、こう話した。

「産経新聞か。産経といえばね、いつだったかな、もうだいぶ前だけど、『アベック3組ナゾの蒸発』っていう大きな記事があったんだよ。あんた、知ってる？　アレ、その後、どうなったのかな」

10年も前の、あの記事を覚えている人が、こんなところにもいる。続報を待っている人がいる。拉致されて異国にいる若者たちを思い、何もできずにいる自分がもどかしかった。

1年余りの短い特派員生活を終えて東京本社に戻ると、しばらくして大韓航空機爆破事件の実行犯、金賢姫元工作員にインタビューする機会を得た。

北朝鮮の人と直接話をしたのは生まれて初めてだった。これが最後だろう。

まだ、金元工作員が日本人化教育を受けたと証言した「李恩恵」が田口八重子さんと判明する前の90年暮れ、暖冬のソウルの街に雪が舞っていた。

逮捕から3年、死刑判決を受け、大統領特赦で放免された金元工作員は依然として、国家安全企画部（安企部、現・国家情報院）の保護監視下にあった。

同僚の編集委員、写真部員と3人で、案内されたソウル市内の隠れ家風の部屋に入ると、小柄な、あの女性が茶色のスーツ姿で立っていた。

髪を後ろに束ねてリボンで結んだ28歳の金元工作員。韓国人通訳を介して応答する条件だった。同席する安企部員が理解できない日本語で勝手に会話をされては困るからだ。

とはいえ、それに従っていては新聞記者は務まらない。

「李恩恵」から習ったという日本語力を試すため、途中で申し入れた。

——あなたのような人（注・スパイ教育を受ける人）は、北には大勢いるのでしょうか。それとも、あなたは特別だった？　日本語で答えてくれますか
金元工作員は「通訳の方がいるのに…」と戸惑ったが、安企部員の許可を得て日本語で答えた。

「私は選抜された人間ですが、北では対南（韓国）工作として教育も重要なことですし、工作員教育も重視されています。（私のような人間は）ある程度は多いだろうと思います」

よどみない流暢《りゅうちょう》な日本語だった。キチンと合わせた両膝の上に右手を置き、その上に左

手を乗せていた。立ち居振る舞いも（一昔前の）日本女性だった。
――日本人に成り切ったという自信はありましたか
「私は山の中で7年間、日本人化教育を受けました。日本のすべてを学び、（李恩恵）先生は『（日本人に）成り切った』と評価したこともありました。でも、実際に日本に住まなければ無理だろうと思います」

田口八重子

ソウルでのインタビューに立ち会った韓国人通訳によれば金賢姫・元北朝鮮工作員は、こちらの日本語での質問を完璧に理解していた。

通訳が日本語のニュアンスをつかみきれないでいると、すぐに説明を加えて助けた。要するに、通訳より金元工作員の方が日本語が達者だったのだ。「李恩恵」のすぐれた教師ぶりがうかがえた。

質問はフリーで、内容に何の制約もつかなかった。あの日聴いた金元工作員の話を、いくつか紹介したい。

「北は金日成宗教の国です。今では間違っていたと分かりますが、北では金日成がすべてなのです。生後2カ月で子供たちは託児所に入りますが、ここでの教育から、歌にしても、踊りにしても、金日成を抜きにしてはあり得ません。金日成は世界で一番偉い指導者なのだ、とだれもが考えているのです。私がそうだったように、金日成のために身命をささげることが、それぞれの任務だと考えているのです」

「少数ですが、外部の世界を知っている人がいます。そうした人に対しては、徹底した再教育が行われます。反対すれば、仮借なく処断されます。それに、5家族単位の相互監視組織があります。徹底して監視されるので、不満があってもそれを外に表すことができないのです」

「私はだまされていたことを知りました。人生をメチャメチャにされたのです。世界で一番の嘘つき、統一を阻害する金日成、金正日《キムジョンイル》（総書記）は私たち民族にとって最悪の存在だと今では思っています」

「（日本は）半島を侵略、略奪し、アメリカに次いで悪い国、大東亜共栄圏の夢を捨てず、南と組んで北を侵略しようとしていると（北で教えられた）」

「（日本人拉致も）南北統一のためと思っていました。個人的にはかわいそうだと思いましたが、日本人は南北分断に加担しているのだから統一のためには、日本人も犠牲を払わなければならないと当時は考えました」

後に、平壌での横田めぐみさん目撃証言をした亡命工作員、安明進《アンミョンジン》氏が全く同じことを話していた。工作員は皆、そう教育されたのだ。

自分が「日本人化教育を受けた」と証言して、日本社会に衝撃を与えた日本人女性「李恩恵」の身元が、まだ判明していないことについては、「（李恩恵）先生と個人的なことを話すことは規則で禁じられていました。しかし、長い生活の中で親しくなって話すようになったのです。知ったことはこれまでに（日本の警察当局に）述べてきたことがすべてです」と話した。

「（大韓航空機爆破）事件後、北は私のことを〝ニセモノ〟だとか、（事件は韓国の）〝自作自演〟だとか言いました。私は背信を感じました。統一されたら、北の人々にも事件の真相を知らせ、人々がだまされていたことを必ず知らせたい。いかに悪いことをしていた犯罪国家であるかをです」

こうも言った。

「（大韓航空機爆破事件を裁く）法廷で、遺族の方が『なぜ、あんなことをしたんだ！』と叫びましたが、それは北の実相をよく知らないからではないでしょうか」

五輪から2年がたっていた。ソウルへ行ったついでに、前述した屋台「C'est La Vie」を捜したが、見つからなかった。

90年9月の金丸訪朝団によって日朝間に外交交渉の道が開かれ、91年から国交正常化交渉が始まった。同年5月20日からの第3回会談の、わずか5日前のことだった。警察当局が重大発表を行った。

現在、政府が認定している拉致被害者関連での警察発表は、これが最初だったと記憶する。

ついに日本人女性「李恩恵」を、埼玉県の田口八重子さんと特定したのだ。

発表は匿名条件で、田口さんの家族も、田口さんが日本に残した幼子への配慮から表に出ることを望まなかったこともあり、社会的関心がさほど高まることはなかったが、日本から拉致された女性がいる――という3年前の金賢姫証言が作り話でなかったことが、やっと証明された。

朝日・毎日訪朝団

田口八重子さんは、アベック3組の拉致と同じ78年の6月、東京・高田馬場のベビーホテルに1歳と3歳の幼子2人を預けたまま行方知れずになった。

大韓航空機爆破事件の実行犯、金賢姫元工作員の証言を受け、日本の警察は「李恩恵」の特定に全力を挙げた。捜査員を韓国・ソウルに派遣。一時期、北朝鮮の招待所で姉妹のように暮らしたという金元工作員から事情聴取し、彼女の記憶を呼び起こして「李恩恵」に関する情報を細大漏らさず入手したうえで、国内の行方不明女性のデータと突き合わせていった。

その結果、出生地、誕生日、家族関係、性格、趣味、嗜好《しこう》、癖など数十項目すべてが一致した田口さんにたどり着いたのだった。

田口さんは勤め先の東京・池袋の飲食店では「ちとせ」と名乗っていた。ある時、招待所で紙に「ちとせ」と書き、それを金元工作員に見られると、慌てて消したことがあったという。その時、金元工作員は「李恩恵」の姓か名は「ちとせ」ではないかと思ったが、ずっと忘れていた。

思いだしたのは、90年3月に札幌で開催された第2回アジア冬季競技大会のテレビニュースをソウルで見ていた時、だという。「北海道の千歳《ちとせ》空港」という言葉を耳にした瞬間、記憶がよみがえった。

「『李恩恵』の本名は『ちとせ』です」

田口さんの勤務先での名と一致したことも、身元を特定する一助になったという。できすぎた話に思えるが、事実だそうだ。金元工作員は日本の捜査員が示した日本人女性の写真の中から、迷わず田口さんを選んだ。

3年余りをかけた疑問を挟む余地のない完璧な照合は日本警察の捜査、調査能力の高さを示すものだった。これにより日本側は北朝鮮との交渉のテーブルに拉致を乗せる糸口を初めてつかんだ。

91年5月、中国・北京での日朝国交正常化交渉第3回会談の席上、日本政府は田口さんを念頭に「李恩恵」の消息調査を求めた。北朝鮮側は強く反発した。

翌92年11月の第8回会談の実務者協議。日本側が再度「李恩恵」問題を取り上げると、北朝鮮側は一方的に退席し、その後7年5カ月の長きにわたって正常化交渉は中断したのだった。

大韓航空機爆破事件は韓国の陰謀であり、「李恩恵」問題など存在しない、というのが北朝鮮の言い分だった。「李恩恵」を田口さんと認めることは、日本人拉致を認め、金元工作員を北朝鮮工作員と認め、大韓航空機爆破事件が北朝鮮の犯行であることをも認めることになる。〝論理〟が破綻してしまう。

ここでもマスメディアの不作為に触れないわけにはいかない。

91年4月には毎日の取材団、そして「李恩恵」が田口さんと特定された後の92年3月には朝日の取材団が相次いで訪朝し、金日成主席と会見している。

しかし、拉致について言及した痕跡は紙面のどこにもない。先の「梶山答弁」を報じなかったほどだから、拉致の話など持ち出すはずもなかった。拉致を北朝鮮に初めてただしたのは、その機会があった新聞社の訪朝団ではなく、政府だった。

政府の肩を持つ気はさらさらないが、拉致で政府は何もしなかった、などと批判する資格は一般国民や被害者家族はともかくとして、少なくともマスメディアには、ない。「梶山答弁」に目をつぶった私にもない。

北朝鮮は94年に死去した金日成主席から金正日総書記(国防委員長)へ代替わりしたが、日朝交渉は中断したまま、何の進展も見通せなかった。田口さん拉致が明らかになっても、日本社会に特段の動きはなかった。この先、よほどのことが起きなければ、アベック拉致疑惑は封印されてしまうのだろう。悲観的なことばかり考えていた。

あなたは拉致をいつ知りましたか。

機会があると、問いかけることにしている。横田めぐみさん拉致疑惑の発覚時という人が圧倒的に多い。それは97年のことだ。79年の記述からスタートした本書はようやく90年代に入ったが、極言すれば、北朝鮮による日本人拉致は、社会的にはまだ、存在していなかった。

私の拉致取材も、そろそろ終わりのはずだった。

そこへ、1本の電話がかかった。

共産党の同志

「国会の共産党の人からですよ」

取り次がれた電話が、いつ、かかったのか。正確には覚えていない。

間違いだと思った。産経新聞社と日本共産党間の自民党意見広告掲載をめぐる訴訟は産経側の全面勝訴で決着していたとはいえ、仲直りしたわけではない。いわば犬猿の仲。電話などかかるはずがなかった。

「あんたが昔書いたアベック蒸発の記事、読んだよ。（松本）清張の小説より面白いな。わしも新潟、福井、鹿児島、みんな行って、家族に会ってきた。北朝鮮による拉致に間違いないんだよ」

いきなり、大きな声で、そう切り出す。自分のことを「わし」と言う思わぬ〝同志〟の出現に戸惑った。

それが橋本敦参議院議員（共産）の秘書、兵本《ひょうもと》達吉氏との出会いだった。橋本議員は88年3月26日の「メディアが死んだ日」に、政府が初めて北朝鮮による日本人拉致疑惑の存在を国会で明言した梶山答弁を引き出したが、アベック拉致関連質問は秘書の兵本氏が現地調査を基に練ったことに疑いの余地はない。被害者家族の心痛描写など、実際に会って話を聞いた人にしか書けない。

「『李恩恵』という日本から拉致された日本人女性から（日本人化）教育を受けました」

大韓航空機爆破事件で逮捕された金賢姫・元北朝鮮工作員の88年1月15日の記者会見での一言に刺激されて拉致事件に興味関心を抱いたという兵本氏。アベック連続蒸発を知り、新潟、福井、鹿児島へ出向いたのだった。

私に電話したのは、いつだったか、本書を書くにあたって兵本氏に確認した。

「梶山答弁からだいぶたってからだったよ」

もうすぐ80歳、私も70歳に手が届く。お互い記憶があいまいになる。それにしても京都大学生時代からの筋金入りの共産党員が、よく産経へ電話したものだ、と今でも思う。

《昭和53年以来の一連のアベック行方不明事犯、恐らくは北朝鮮による拉致の疑いが十分濃厚でございます》

せっかく画期的な梶山答弁を引き出しながらマスメディアに無視されたのだから、常人なら相当な打撃を受けたはずだが、それしきのことでめげる人ではなかった。

「そりゃ、ショックだったさ。なにしろ産経もベタ（1段記事）だからな。まあ、共産党の質問だから仕方ないけどね」

情報交換のため、時々顔を合わせるようになった。私は拉致事件の事実解明を続けてきたつもりだったが、兵本氏の関心は、その先、拉致された被害者たちを、どうやって日本に取り戻すか、にあった。

当時、そんなことを考えていた人は、私の知る限り、兵本氏一人だけだ。

議員会館の部屋では共産党の職員が働いている。訪ねるたびに彼、彼女らの産経記者への視線が気になったが、兵本氏は、まるで意に介さなかった。

「拉致は主権侵害、人権侵害の重大犯罪だ。産経も共産党も朝日もない。メディアは、なぜ報道しないんだ」

同感だった。この迫力と情熱がやがて被害者家族を動かして家族会を結成することになる。

少し脇道へ回る。だいぶ後の話だが、何人かの産経読者から「これは本当か」「ケシカラン」と問い合わせ、お叱りの電話を受けた。

関西の読者が郵送してくれた「知りたい　聞きたい　北朝鮮問題と日本共産党」という、共産党系の組織が配布したビラが1枚、今も手元にある。

「拉致問題を早くから取材してきた阿部雅美産経新聞編集局次長（当時）」と私の名があり、「拉致疑惑をもっとも熱心に国会で取り上げてきたのは共産党の議員です。共産党と産経新聞は昔から仲が良くないのですが、これはそういう問題ではありません」という、どこかの場での私の発言が載っている。

梶山答弁を引き出した橋本質問を念頭に、そのような発言をしたことは事実だが、私にとって拉致疑惑に関しては兵本氏＝共産党だった。兵本氏以外の共産党員と言葉を交わしたり、取材したりしたことは一度もない。

遅きに失したが、ビラの中の「共産党の議員」は「共産党の議員秘書、兵本氏」の誤りなので、この機会におわびして訂正しておく。

双子の情報

自民党の大物政治家や社会党幹部を含め、与野党の国会議員たちが拉致疑惑の存在自体を知らない、あるいは疑う発言をしていた時代。政界関係者の中で兵本氏は突出していた。会えば話は、いつも拉致で始まり、拉致で終わる。

被害者家族たちが遠隔地で孤立している現状を憂い、家族たちを組織化して政府や国会に働きかけることを通じてメディア、世論を動かし、被害者の奪還を実現する――。そんな構想を熱く語った。

97年春、北朝鮮との直接交渉に神戸の港に停泊していた大型貨客船「万景峰《マンギョンボン》」号へ乗り込もうと出かけた行動派でもあった。

外ではアルコールを口にせず、党則だと言っていたが、これは冗談だろう。コーヒー一杯のおごり（供応）も受けなかった。「さすが」と感心したが、党派的な言葉を氏の口から聞いたことは一度もなかった。

説明が必要かもしれない。

日本共産党と朝鮮労働党は、もともと友好関係にあったが、個人崇拝をめぐる対立や前述したラングーン爆弾テロ事件をめぐる論争などがあって、83年以降は断絶状態が続いていた。したがって、北朝鮮批判は何ら問題がなかった。そういう時代の話だ。後述するように共産党と北朝鮮の関係改善の動きが始まるのは兵本氏が党を除名された98年以降だった。

大阪・朝日放送のプロデューサー、石高健次氏との出会いも、兵本氏を介してだった。石高氏は当時、拉致報道に本格的に取り組んでいた唯一のテレビ人といっていいだろう。

95年にはドキュメント「闇の波濤《はとう》から」を制作。北朝鮮工作員の辛光洙容疑者らと、原敕晁さん拉致を実行したことが85年の判決文で詳細に明かされた金吉旭・元大阪朝鮮学校校長に、恩赦で釈放後に暮らしていた韓国・済州島で直撃取材し、原さん拉致を認めさせていた。

88年春を境に始まった拉致報道の第2氷河期は延々と続いていた。一条の光も見えてはいなかったが、ようやく現れた〝同志〟たちに触発されたのか、失いかけていた拉致事件への関心がよみがえってきた。

予期せぬ偶然が起きたのは、97年1月22日のことだった。古巣の社会部へ、部長として戻る内示を受け、異動のあいさつに東京・永田町の参院議員会館を訪ねると、兵本氏の様子が、いつもと違った。

「これ、読んでみてよ」

テーブルの上に2つのコピーが置いてあった。

1つは20年も前、77年11月22日付新潟日報の記事、もう1つは雑誌「現代コリア」（現代コリア研究所刊）96年10月号掲載の石高氏の論文だった。その場で読み比べた。

新潟日報の記事は社会面4段だった。

《女子中学生帰らず　下校途中　すでに一週間》

当時13歳だった新潟市立寄居中学1年の横田めぐみさんが11月15日夕、バドミントンのクラブ活動を終えて帰宅途中に突然姿を消したことを、公開捜査に切り替わった機に報じていた。

誘拐などの疑いはほぼなくなったが、行方不明が長引けば、なんらかの犯罪に巻き込まれる恐れもある、という地元警察の見解が載っていた。

一方の石高論文は「私が『金正日の拉致指令』（注・石高氏の著書、96年、朝日新聞社刊）を書いた理由」のタイトルで、その1項に韓国の情報筋から彼自身が聞いた北朝鮮亡命工作員の話を紹介していた。

――アベック連続拉致（78年）の1、2年前、13歳の少女が日本の海岸から北朝鮮へ拉致された。少女は学校のクラブ活動だったバドミントンの練習を終えて帰宅途中だった。少女は双子の妹だという――

要旨、そう書かれていた。

兵本氏が付け加えた。

「ここに双子ってあるだろ。めぐみちゃんは双子じゃないんだがね、双子の弟がいるんだよ」

横田家

兵本氏から示された2枚のコピーを手に、一体どういうことなのか、すぐにはのみ込めなかった。何拍か置いたように記憶する。

「兵本さん、これ、まさか……」

「その、まさか、だよ」

兵本氏は社名によって記者を分け隔てする人ではない。朝日、読売、NHK、どこの記者が訪ねても同じ話を聞いただろう。

以下のような説明をしてくれた。

前年の96年暮れ、新潟で現代コリア研究所長、佐藤勝巳氏の講演会があった。懇親会の席上、佐藤氏が「石高論文」の話をしたところ、会場にいた警察関係者から声が上がったという。

「あの少女じゃないか」

19年も前に新潟市で下校途中に行方不明になった横田めぐみさんのことを覚えていた人がいたのだった。

「13歳の少女」「バドミントン」「双子」――。

偶然の一致と片づけるわけにはいかない。

その情報がめぐって年が明けた97年1月17日に兵本氏の元にも届いた。めぐみさんの父、滋さんが新潟の日本銀行支店に勤めていたことを知った兵本氏は同21日、日銀旧友会を経由して神奈川県内に住む滋さんと連絡を取った。

「お宅のお嬢さんが北朝鮮で生きているという情報が入りました」

母、早紀江さんは外出中だった。すでに定年退職して留守番をしていた滋さんは、兵本氏の電話に驚き、慌てふためいて国会議事堂に近い議員会館へ一人駆け付けた。

そして、私同様に兵本氏から示された新潟日報の記事と雑誌「現代コリア」の石高論文の2つのコピーを比べ読んだ。

「これは確実にめぐみのことだと思う」

こみ上げるものがあり、涙されたそうだ。心中、察するに余りある。自宅まで徒歩わずか1、2分の所まで帰ってきた13歳の娘が突然失踪して20年。初めてもたらされた具体性のある消息情報だった。

議員会館から帰宅した滋さんは、その晩、早紀江さんと、こんな会話を交わしたそうだ。

「今日、変なことがあったんだよ。おかしな話なんだ」

「何？　何なの？」

「うーん」

「ひょっとして、めぐみちゃんのこと？」

「そうなんだよ」

早紀江さんは胸がどきどき、背中がぞくぞくしてきたそうだ。

この時を境に横田家は大嵐に巻き込まれる。長い闘いの日々が始まる。

「兵本さん、それ、いつのことですか」

「昨日だよ」

何というタイミングだろうか。まるで自分が拉致にとりつかれているような妙な気分になった。

「これ、大変なことになりますよ」

「そうかな。新聞記者の勘てやつかね」

「僕の勘です」

兵本氏には、そう言ったものの、実は半信半疑だった。いや正直に言えば疑いが8割だった。

私の中で拉致被害者といえばアベック3組の20代の若者たちや、中年の原敕晁さん、久米裕さん、そして田口八重子さんだった。13歳の少女を日本から北朝鮮へ拉致するなどということは思いもよらない。

ただし、日本人なら、たとえ暗闇の中でも、制服姿イコール少女と分かるだろうが、北朝鮮工作員たちが犯行時に、めぐみさんを少女と認識したかどうかは、疑問だった。

いずれにせよ、情報は、あくまで情報にすぎない。報道できる内容かどうか、別の方法で確認する作業、メディア業界でいう裏取り作業をしなければ記事は書けない。

ツテを頼って情報の真偽を確認しようと試みたが、うまくいかない。

他のメディアに先を越される可能性はあったが、確認の取れていない伝聞情報を記事にするわけにはいかなかった。

行方知れずの姉

数日後、神奈川県内の横田家を訪ねると、めぐみさんの父、滋さんが1人で留守番をしていた。

「えっ？　昔、あの記事を書いた人ですか」

第二章で書いたように、17年前の80年正月、近所の人が持ってきたサンケイ新聞で《アベック3組ナゾの蒸発　外国情報機関が関与？》の記事を読んだ母、早紀江さんが、産経の新潟支局へ「もしや、うちの娘も……」と問い合わせに出かけたことを、この時、知った。

滋さんは、ふた昔近くも前に「あの記事」を書いた記者が現れたことに驚かれたようだった。確かに17年間も同じ事件に関わるなど、聞いたことがない。と言うより、それほど長期にわたって継続する事件など、めったにあるものではない。

私の場合は本書で書いてきたように、たまたま、そうなっただけだ。拉致が頭から消えたことはないが、一貫して執念深く追ってきたなどという、テレビドラマのようなことではない。

滋さんは、めぐみさんが通っていた寄居中学校から自宅、日本海の浜までの地図を紙にていねいに描き、長く保管してきた、めぐみさん失踪を伝える新潟日報の切り抜き記事や写真が大きく載る公開手配のポスターなどを示しながら、娘がいなくなった日の状況を細かく説明してくれた。

めぐみさん拉致を簡単に振り返る。

77年11月15日の午後6時半前だった。めぐみさんはバドミントンのクラブ活動を終え、仲間の友人2人と一緒に寄居中学校の校門を出た。新潟大学理学部跡地前のバス通りの坂道を日本海に向かって歩いていく。

手には紺の手さげ鞄とラケットを入れた赤いスポーツバッグ。つるべ落としの秋の日はとうに暮れ、通学路の街灯は頼りなかった。校門から家までは500メートル足らず。途中、友人1人とはすぐに別れ、もう1人とも家まで残り250メートルほどの交差点で手を振ってサヨナラした。

それが最後の姿だった。

そこから日本海に向かって150メートルの丁字路を左に曲がれば、家までは残りわずか100メートル。失踪公開直後、巡視艇やヘリコプターが出動して陸海空から大捜索が行われた。ボランティアで参加したダイバーも海に潜ったが、何一つ見つからなかったという。

校門から、めぐみさんのにおいを追ってきた警察犬は、自宅と目と鼻の先の丁字路まで来て動かなくなった。丁字路から日本海、寄居浜までは３００メートルもない。

当初は不良グループによる誘拐説や交通事故に巻き込まれて連れ去られたとする説が有力だったが、両親は家出であってほしい、と願った時期があったそうだ。

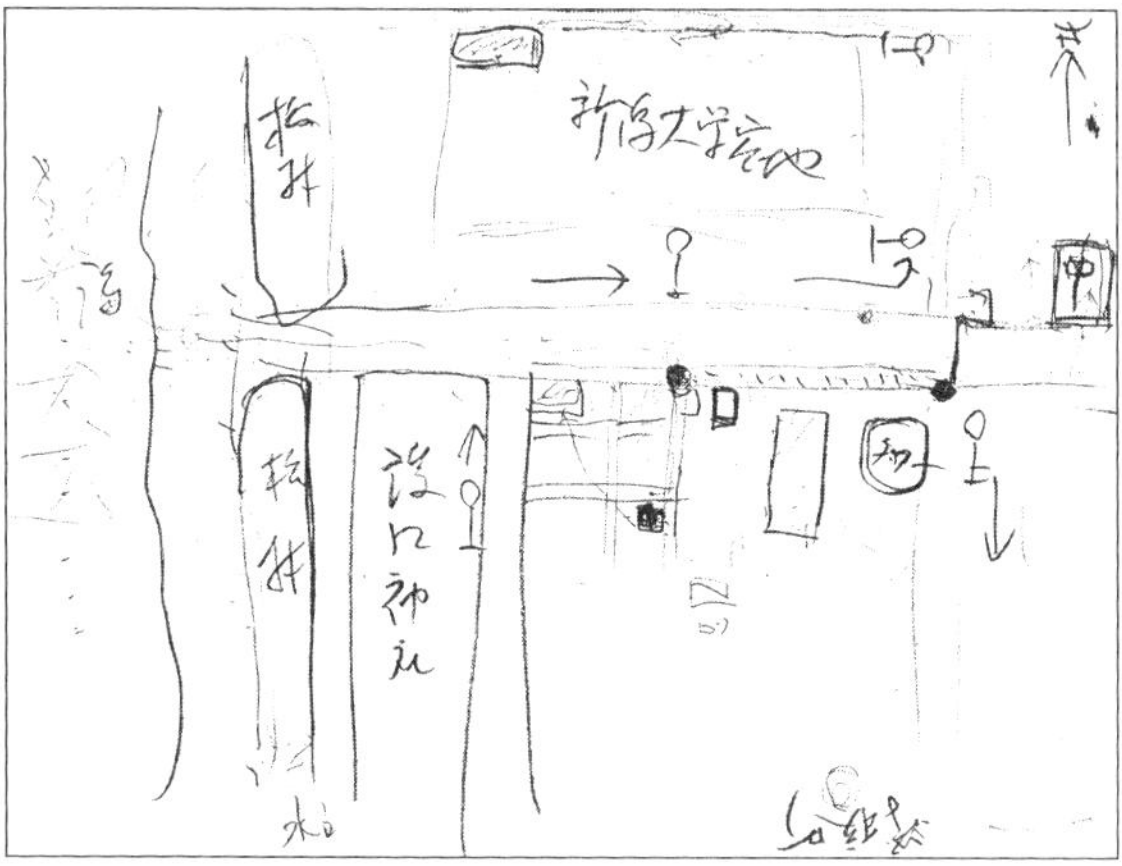

横田滋さんが描いためぐみさん失踪現場の周辺地図

「家出ならば、いつか、どこかで会える」。そう思ったからだった。

あの日から20年間、早紀江さんの表現をお借りすれば、《鋭利な刃物で背中をそぎ取られるような、寒々と重苦しく悲しい、そして叫びだしたいほどの不安な時間の流れ》(『めぐみ、お母さんがきっと助けてあげる』〈草思社刊〉から)の中で両親は、ひたすら「めぐみに似た少女」を捜し求めてきた。

雑誌、新聞の写真に面影の似た少女が写っていると、雑誌社、新聞社へ問い合わせた。テレビのワイドショーの人捜しコーナーには4度も出演した。

新潟県から神奈川県に引っ越してから、こんなこともあったそうだ。

新聞の地方版に、ある女流画家の個展開催の案内記事があった。少女を描いた日本画が載っていた。とても、似ている。夫婦で展覧会へ出かけて実際に絵を見ると、やはり、よく似ている。めぐみは、どこかで記憶を失って、モデルをしているのではないか。画家に面会し、直接確かめると、まったくの別人だった。根拠のない、あいまいな情報であっても、万一に期待をつないだ。

その夜の滋さんへの取材で、鮮明に覚えている話がある。

めぐみさんの双子の弟の一人が秋に結婚を控えているが、行方知れずの姉がいることを向こうの家に言えずにいる。めぐみさん拉致疑惑発覚後に催された披露宴では横田家のテーブルにめぐみさんの席も設けられて料理が並んだ、と後に聞いた。

裏取り

石高論文に登場する少女は「めぐみだ」と直感した滋さんだったが、完全に信じ切れてはいないようだった。滋さん、早紀江さん夫妻には苦い体験があった。

77年11月の失踪から2カ月ほどたったころ、「娘を預かっている」と身代金を要求する電話が家にあった。逆探知で逮捕された高校生は、報道でめぐみさん失踪を知り、誘拐犯を装って脅迫電話をかけた、と自供した。

あの時の高校生のように、当時の新聞記事を基に話を創作することはできる。

私も疑いを持っていた。

1977年春、中学入学を祝い、父の滋さんが桜の木の下で撮影した横田めぐみさん

情報をうのみにはできない。とりわけ公安情報は玉石混交だから、疑ってかかるのが鉄則だ。意図的な作り話がめぐりめぐって、亡命工作員の話になった可能性はないのだろうか。たとえ同じ志を抱いてはいても、仕事上はライバル関係になる石高氏に問い合わせるわけにはいかない。当該の亡命工作員に接触したり、韓国の情報機関に確認したりすることは容易ではない。可能だとしても相当の時間が必要に思えた。

拉致疑惑は、まだ国民共通の認識には、はるかに遠かった。宇出津事件や辛光洙事件を知る人はごく少なく、アベック拉致疑惑は「産経のでっち上げだ」という声は依然として根強くあった。

一度でも滑れば（誤報をすれば）、それまでの産経の報道全体が揺らぐだけでなく、拉致疑惑の存在そのものが否定されかねない。どんな記事の場合でも同じだが、ミスは絶対に許されなかった。

こう決めた。

一時は仲たがいして情報交換さえままならない時期のあった日本と韓国の公安機関の関係は、この時期、比較的良好だった。亡命工作員がもたらしたという情報の信憑性が高ければ、日本政府・警察にも内密に通報があり、日本側もそれなりの対応をしているはずだった。そのことが確認できれば最低限の記事は書ける。できなければ書けない、書かない。

その夜から後輩記者たちが手分けして何人もの外務省高官や警察幹部へ確認取りに走ってくれた。デスクワークをしていた私に届けられたメモが残っている。差し支えない一部を原文のまま書く。
記者「不明になっている新潟の横田さんについて、知ってますよね」
取材相手「拉致された可能性の高いことを、承知していますよ」
記者「どこから情報が入ったのか。韓国から警察庁に連絡があったと聞いているが」
取材相手「それはね。正式には……。情報機関同士が、そんなことを一言でももらせば、ね。信頼関係の問題でしょう。情報の入手先まで言えというのですか。正式なコメントで言えというのですか。われわれは情報機関同士の信頼関係にのっとっているわけですから、言えないのですよ。だから、常識として判断してほしい」
記者「工作員が韓国に亡命して、少女のことを情報としてもたらしているわけですよね」
取材相手「だから、（昭和）50年代のあの時は何十人も拉致されたということがあるんです。その中の一人として、われわれは判断しているわけですよ」
記者「それが横田さんですね。そう判断しているわけですね」
取材相手「何度も言うが、正式コメントでは『はい、そうです』とは言えないですからね。それで判断してください」
詳細はふせるが、同様な話が何人かの記者たちから入ってきた。もっとストレートで具体的な話もあった。この件では以前から公安当局が動いている、という確度の高い情報も得た。
めぐみさん失踪現場周辺には、それなりに民家があり、車の交通量もあることなど、18年前に取材した3組のアベック蒸発現場とは環境が違う点などが引っかかったこともあって、議員会館で兵本氏に話を聞いてから、紙面に掲載できると判断するまでに10日も費やしてしまった。当夜、記事の扱いをめぐり、ちょっとした社内議論はあったが、掲載が決まった。

実名報道

《「20年前、13歳少女拉致」北朝鮮亡命工作員証言　新潟の失跡事件と酷似　韓国から情報》

97年2月3日付産経朝刊1面中央の5段見出しだ。

リードは以下の通りだった。

「昭和五十二年に新潟県で失跡した女子中学生（当時十三歳）が北朝鮮（朝鮮民主主義人民共和国）に拉致されていた可能性が二日までに強まった。韓国当局側から日本政府、公安当局にもたらされた亡命工作員の証言が、少女の失跡当時の状況と酷似しているためで、公安当局は重大な関心を示している」

実名か、匿名か――。横田滋さん、早紀江さん夫妻の意見が割れていることは知っていたが「横田めぐみ」と実名で書いた。新潟市立寄居中学の制服姿の写真も載せた。めぐみさんは風疹のため中学の入学式を欠席したが、早くしないと桜が散ってしまうと、滋さんがその後に校門へ連れ出して撮った写真だという。

被害者、犠牲者を実名報道すべきか、匿名報道にすべきか。犯罪や事故、災害の報道につきまとう難題だ。相反する意見がある。すべて匿名とすべし、との極論もあるが、私はくみしない。匿名報道は官公庁や警察の匿名発表、匿名社会へとつながり、情報操作や知る権利の侵害へ向かう懸念を持つ。

実名で報じることによって記事は事実の重みを伝えることができる。読者・社会への訴求力を持つ。性犯罪などの例外があることは言うまでもないが、記者という職に就いた時から、ずっと、そう考えてきた。

産經新聞

2/3（月）

北朝鮮亡命工作員証言

「20年前、13歳少女拉致」

新潟の失跡事件と酷似

韓国から情報

横田めぐみさん拉致疑惑を最初に報じた1997年２月３日付産経新聞

被害者の名前は事実の核心であり、記事が本当かどうか、第三者による検証も可能になる。

もちろん考えた。

「横田めぐみ」と実名で報じた場合と、顔も両親も見えず、具体的な成育経緯などが明かされない場合と、読者や社会が示す反応は、どう違うのか、違わないのか。それによって救出への動きは、北朝鮮の対応は、どう違ってくるのか、違わないのか。

家族は、誰だって匿名を望む、と思われるかもしれないが、そうとは言い切れない。

事後の例で恐縮だが、日本新聞協会編集委員会による冊子『実名と報道』には凶悪事件被害者家族の〝実名の尊厳〟を訴える悲痛な言葉も紹介されている。

《娘は「広島の小1女児」ではなく、世界に1人しかいない○○○○○なんです》（05年、下校途中に殺害された広島市の女児の父親）

《私たちの子供は「小学2年の女子児童」でなく○○○○。匿名では1人の人間として生きてきた娘の人生の価値や意味も奪ってしまう》（01年、大阪の小学校内で起きた殺傷事件で犠牲になった女児の父親）

すべて実名にすべし、などというつもりはない。被害者家族の同意がある場合のみ実名とすべし、という意見もあるが、実際には困難が伴う。

報道機関が自律的に判断し、その結果として生じる責任を引き受ける以外にない。当時も今も、そう考えている。

名前が報じられることで娘の身に危害が及ぶのではないか、という早紀江さんの心配は痛いほど分かっていたが、私は実名報道にこだわった。横田家から匿名報道を要請された事実はないが、めぐみさんを顔の見えない「少女A」とすることはできなかった。

冷たい言い方かもしれないが、被害者家族の立場と報道する立場は、いつも完全に一致するわけではない。批判は甘んじて受けるが、あの時の判断に間違いはなかった、と思っている。

実名派だった滋さんは、次のように言われたと記憶する。

「匿名では信憑性が薄れてしまう。危険なことがあるかもしれないが、本名を公開して世論に訴えるほうがいいと思う」

「双子の弟たちは、このことが報道されれば自分たちの将来に悪い影響があるんじゃないか、と悩んでいた。でも、めぐみには何の落ち度もないのです。これは、わが家の恥ではないのだと説得して、分かってもらいました」

家長として、苦渋の判断だったと思う。

安明進

横田めぐみさん拉致疑惑を報じた97年2月3日朝刊の社会面トップには1面記事を受けて5段記事を載せた。

《「うちの娘だと思う」めぐみさん両親　死亡宣告せず待った》

17年前（80年）と違い、今度は各紙が後追い報道をした。日本側が韓国側から少女拉致の情報を得ていることが確認できたからだろう。読売、毎日は3日夕刊で扱った。テレビ各局も報じた。

朝日だけが、違っていた。1日遅れの4日になり、あまり見かけない形の記事が第2社会面に3段で載った。見出しに《新潟で20年前に失跡の中学生　国会質問で「北朝鮮拉致説」》とあり、めぐみさんが工作員に拉致されたのではないか、という質問が3日の衆院予算委員会であった、という内容だった。拉致疑惑の存在を報じる、いわゆる本記記事ではなかった。

質問したのは、西村眞悟衆院議員（新進）。田口八重子さん、原敕晁さんらの拉致に触れた後、「横田めぐみという一人の13歳の少女が拉致されたむごい事件に関して質問主意書を政府に提出している」と述べたのだった。

この国会質問がなかったら、朝日はどう紙面化したのか、しなかったのか。人ごとながら、気になった。数日後に明らかになる、西村議員の質問に対する政府の答弁書については後述する。

ここまで、めぐみさん拉致疑惑の取材経過を事実に即してたどった。

ネット上のウィキペディアには「両組織（注・産経新聞社と共産党）の関係上、この2人（注・兵本氏と阿部）が実際に会えたのは、横田めぐみの拉致が明らかになった後だという」（2018年4月末現在）などとある。そういうストーリーの方が面白いのかもしれないが、それでは本稿が嘘になってしまう。産経退職前の一時期をインターネットメディア業界で働いた一人として、こうした虚偽記載がネット上の情報の信頼性を徐々に失わせていくことを憂慮する。

記事を書けば終わり、ではない。めぐみさん拉致疑惑報道の始まりにすぎない。

産経のソウル特派員も含め、各方面の記者に連絡し、亡命工作員との接触を模索してもらった。石高論文の元となった工作員に会うことはできなかったが、ソウル特派員経験のある記者が、別の亡命工作員とのインタビューに成功した。

その後、日本のメディアに頻繁に登場することになる安明進氏だった。安氏の証言は具体的で詳しかった。

以下、彼の産経の取材に対する証言の一部を要約する。

「88年10月10日、朝鮮労働党創立記念行事が平壌近郊の政治軍事大学で行われた。当時わたしは政治軍事大学の2年生だったが、その際に開かれた会議で日本人らしい女性を見かけた。会議に参加していた丁《チョン》という名の教官が、彼女を見て『俺が新潟から連れてきた』と言い、彼女が拉致された日本人であることが分かった。丁教官によると、日本の海辺で海に向かって歩いていたところ、彼女がやってきた。自分たちの活動が発覚するとまずいので、拉致したという。船に乗せたら、彼女は泣きっぱなしで、その時、初めて子供だと分かったという」

朝日新聞　1997年（平成9年）2月4日

新潟で20年前に失跡の中学生
国会質問で「北朝鮮拉致説」

新潟市内で一九七七年、当時同市立寄居中学一年生で十三歳だった横田めぐみさんが行方不明になった事件で、朝鮮民主主義人民共和国（北朝鮮）の工作員に拉致されたのではないかという質問が三日の衆議院予算委員会であり、橋本龍太郎首相は「北朝鮮による拉致の疑いのある事件については、捜査当局において所要の捜査をしていると思う」と述べた。西村真悟議員（新進）の質問に答えた。

新潟県警の調べでは、横田さんは七七年十一月十五日午後六時半過ぎ、学校のバドミントンクラブの練習を終えて新潟市水道町の自宅に帰る途中、友人と別れたまま行方不明になった。新潟中央署は犯罪に巻き込まれた可能性もあるとみて公開捜査に踏み切った。

横田さんに特徴の似た女性の拉致については、北朝鮮から韓国への亡命者の情報として韓国政府から外務省、警察庁に非公式に寄せられている模様だが、横田さん本人とは確認されていない。警察庁は「拉致された可能性も含めて捜査している」としている。

父「生存確かめて」

横田めぐみさんの父、滋さん(六四)は三日、川崎市川崎区の自宅で「（生きているという）情報が本当であってほしい。帰すのが難しいのなら、生存の確認だけでもしてほしい」と語った。

1997年2月4日付の朝日新聞朝刊

「彼女は北朝鮮に連れてこられてからも泣きっぱなしで、食事もしなかった。北朝鮮では〝なぜ子供を連れてきたのか〟としかられた。そこで『朝鮮語を勉強したらどうだ。勉強するなら日本に帰してやるし、仕事もある』と持ちかけた。しかし、朝鮮語を話せるようになっても、帰れないので病気になり、大学近くの病院に2回も入院したと聞いた」

石高論文に登場する亡命工作員と安氏、めぐみさんに関して複数の証言が出てきたことになる。

3月13日付朝刊でインタビュー記事を掲載した。

《平壌で「めぐみさん」目撃　北の元工作員、本紙と会見　拉致犯はスパイ教官「俺が新潟で」と告白》

拉致被害者の北朝鮮国内での目撃情報が新聞に掲載されたのは初めてだった。ここでも実名か、匿名か、の問題があった。内容が内容だけに「匿名の亡命工作員」の証言では信憑性に強い疑義が生じる。

安氏は悩んだ末、実名で登場することを承諾してくれた、とインタビューした記者から聞いた。顔が分からないように写した写真も載せた。

反発

普通の境遇ではない亡命工作員が、さまざまな事情から日本のメディアが飛びつきそうな話、韓国情報機関の機嫌を取るような話を捏造《ねつぞう》する可能性があることは百も承知していた。南北の熾烈《しれつ》な諜報戦の中では偽装脱北の可能性さえある。

しかし、だからといって、頭から嘘と決めつけて取材を放棄することはできない。会える人には会い、話の真偽を慎重に見極め、自社の責任で紙面掲載するか否かを決めなければならない。

安明進氏については後年、韓国で覚醒剤密売の容疑で逮捕されたり、不用意な発言が問題視されたりしたため、さかのぼって彼の初期の証言にも疑問符をつける人たちもいるが、産経は十分な信憑性があると判断した。

安氏が来日した98年春、産経の再度のインタビューに応じ、「あちこちで騒がれるのが嫌で多くを語らずにきた」鹿児島事件の拉致被害者、市川修一さんの目撃状況についても詳細に証言した。

「この人は私が見ました」

用意した拉致被害者たちの写真の中から、市川さんの写真をピックアップした。

――90年の夏、学校（金正日政治軍事大学）で会い、日本のたばこ、マイルドセブンをもらって吸った。日本人であることは見ればすぐ分かります。少し日本語が分かる学校の友人が話しかけた。その日本人が朝鮮語を話すのに驚いた友人が「いつ、わが国に来たのか」と聞くと、「君が幼い時代にきた」。すでに工作員による日本人拉致が行われていることを知っていた安氏らが「どうやってきたのか？」と問うと、「あなたたちのような（工作員）教育を受けている人が私を連れてきたと考えている」と言った――

手元に残る、インタビューテープを起こした問答を改めて読んだ。当時の産経の判断に間違いはなかった、と確信している。

拉致は捏造だ、と主張し続けていた北朝鮮は、めぐみさん拉致疑惑報道に、いつにも増して敏感に反応した。産経だけでなく、今度は全ての新聞、テレビが報じたためかもしれない。外国のラジオ、テレビを聴取、視聴し、その情報を元に記事を配信しているRP（ラヂオプレス）によると、97年2月10日の平壌放送は「月を見て吠《ほ》える狂犬の声」と題した長い論評を読み上げた。

狂犬に例えられるのは心外だが、北朝鮮の言い分がよく分かるので、これも紙面に掲載した。一部を要約する。

〈日本の「産経新聞」と「毎日新聞」をはじめとする御用報道媒体が突拍子もなくいまから20年前に起こったいわゆる「事件」の風呂敷を広げ、77年11月15日に新潟市内で行方不明になった少女が「北（北朝鮮）に拉致された」という報道を広めた。もちろん、これはデマである。

恐らく今回も売文紙として悪名をとどろかせている「産経新聞」と「毎日新聞」が、南朝鮮傀儡《かいらい》安企部（国家安全企画部）がまたしても与えたカネを受け取って謀略をでっち上げたであろうということは言うまでもない。

しかし、南朝鮮傀儡らと日本反動らが共同で頭をひねってでっち上げた謀略劇にしてはあまりにも稚拙である。

世界が公認しているように、わが方（北朝鮮）は、「拉致」や「テロ」などの人権蹂躙《じゅうりん》とは全く関係のない国である。

わが方は朝日両国人民の友好・親善に冷水のみを浴びせ、障害ばかりをつくっている日本の御用報道媒体の犯罪行為を決して見過ごさない。

「産経新聞」と「毎日新聞」は、自分の顔に泥を塗るような愚かな行為をこれ以上しないほうがよい〉

めぐみさん拉致疑惑の発覚をきっかけにマスメディアが大量の拉致報道を始めた、と書いている新聞や本がある。そう思い込んでいる人も少なくない。そうあって当然だったのだが、事実は異なる。

13歳少女の拉致疑惑が表面化したら「大変なことになる」と兵本氏に言った私の勘は見事に外れた。後述するように、大変なことにはならなかったのだった。

第四章 いつまで〝疑惑〟なのか

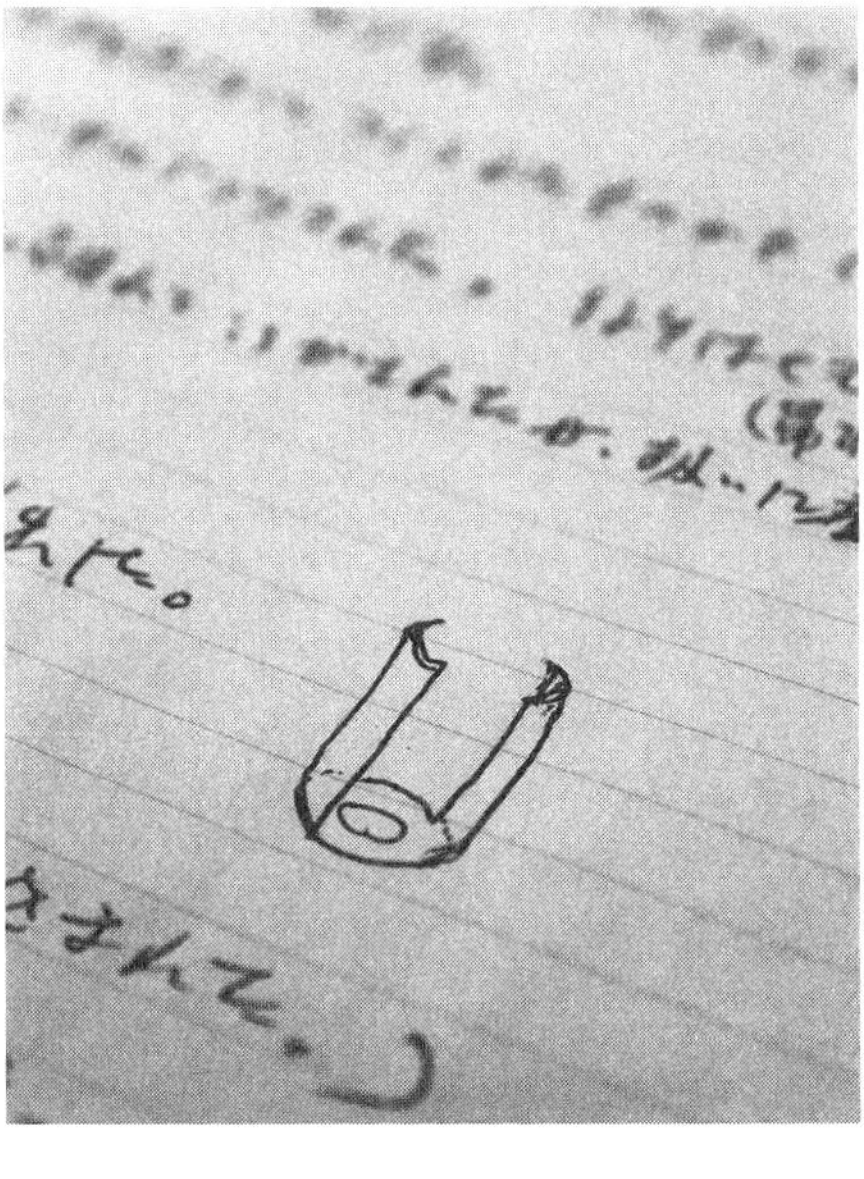

家族会

孤立していた拉致被害者家族たちを「家族会」のような形で団結させて、拉致事件の解決を目指す――。かねて耳にしていた共産党議員秘書、兵本達吉氏の構想を実行に移す時がきた。1997（平成9）年2月、横田めぐみさん拉致疑惑の発覚と時期が重なったのは偶然だった。

こうした組織が自然発生的に家族たちの手だけで結成されることは、まず、ない。拉致被害者家族たちは、元銀行マンであり、民宿の主人であり、元教員であり、町工場の経営者であり、会社員であり、主婦だった。

蓮池薫さんの兄、透さんの著書『奪還 引き裂かれた二十四年』に《共産党の兵本さん、産経新聞の阿部さん、朝日放送の石高（健次）さんの三人のお膳立てで初めて被害者家族が一堂に会することになりました》とある。兵本氏が主導し、私は少し手伝ったにすぎない。記者会見用の被害者たちの写真は石高氏が用意するので、私は配布資料の作成をすることになった。福井、新潟、鹿児島、富山のアベック拉致・拉致未遂事件、有本恵子さん失踪事件、横田めぐみさん失踪事件、原敕晁さん失踪事件（辛光洙事件）……それぞれの概略をまとめた、黄ばんだ「事件の概要」の下原稿や家族会名簿などが今も手元に残る。

産経が、めぐみさん拉致疑惑を報じて約1カ月半がすぎた97年3月25日。東京・竹芝の小さなホテルに被害者家族たちが集った。とんでもない事件に巻き込まれなければ、息子夫婦、娘夫婦や孫たちに囲まれて平穏な日々を送っていただろう、純朴な人たちばかりだった。

さまざまな事情で参加を見送る家族もいたが、福井の地村保志さんと浜本富貴恵さん、鹿児島の市川修一さんと増元るみ子さん、新潟の蓮池薫さん、横田めぐみさん、そして欧州滞在中に「よど号犯」の妻たちに拉致されたことが後日判明する兵庫の有本恵子さん——被害者7人の親族が顔を合わせた。

家族たちは内緒で集まったわけではない。25日に家族会を結成することは産経が10日も前に記事で大きく告知していた。引用する。

「昭和52年11月に北朝鮮の工作員に拉致された可能性が濃厚な新潟市の横田めぐみさんや、新潟、福井、鹿児島で起きたいわゆる『アベック拉致事件』の被害者8人（注・当日になり7家族になった）の家族が25日に東京都内で連絡会を結成し、政府などへ陳情活動や情報交換を行うことになった。（中略）連絡会のまとめ役になった参院議員の橋本敦事務所（注・兵本氏を指す）によると、『これまでは被害者の身の安全を考えて、表立った行動を控える家族が多かったが、（中略）家族同士で会を結成していくことになった』という」

家族たちは初対面がほとんどだったが、すぐに打ち解け、たまりたまった、積もり積もった思いを語り合った。私は3組のアベックの家族たちとは18年ぶりの再会だった。こんな日が来るとは思ってもいなかった。

「あの時の——」

「あの時は――」

会話は弾んだが、長い間、力になれずにきたことに申し訳ない気持ちでいっぱいだった。誤解を恐れずに言えば、家族たちは皆、明るく見えた。

なぜか。出席した方々の著書から引用させていただく。

《辛《つら》さや悲しみは、同じ境遇に置かれている人たちに話したり、逆に相手の話を聞いたりすることで、随分と和らぐものです。同時に、会が発足して具体的な活動の方向性が見えてきたことで、勇気づけられる思いがしました。（中略）八方塞がりの状態ではなくなり、光が見えてきたのです》（前述、蓮池透さんの著書から）

《それまで、家族の方々は横のつながりもなく、息子や娘、妹が行方不明のまま生死が分からないことだけでも苦痛なのに、心を傷つけられるような噂にも耐えねばならなかったのです。これからは皆で励ましあって、何とか家族が再会できるようにしましょうと話しました》（横田早紀江さんの著書『めぐみ、お母さんがきっと助けてあげる』から）

今後、東京での活動が増えるだろうと、最終的に関東在住の横田滋さんが代表職に就いた。

政治色

家族会結成の日、会の名称で少しもめた。

「拉致という言葉は北朝鮮を刺激しすぎるのではないか」

「断定せずに拉致疑惑としてはどうか」

そんな意見が家族たちから出たと記憶する。

見解を求められた私が「もう疑惑じゃないんですよ！」と怒鳴った、と述懐する家族もいる。怒鳴りはしなかったと思うが、話はした。

当時、「拉致はあったたか、なかったか分からない」という文脈で「疑惑」という言葉を使う人たちが少なからずいたからだ。拉致疑惑の一部は、すでに事実となっていることを、せめて被害者家族たちには共有してほしかった。

結局、「『北朝鮮による拉致』被害者家族連絡会」（以下家族会）に落ち着いた。

取材、報道する新聞記者の立場から、相当に逸脱し始めていることは自覚していたが、当面、家族たちから離れるわけにはいかなかった。

なぜか──。

兵本氏が政党色を表に出すことは一度もなかったが、共産党に政治利用されるのではないか、と危惧した家族もいた。近親者に警察関係者がいる家もあったし、別の政党の支持者もいた。共産党員が呼びかけた家族会結成への参加をためらう家族がいたのは、むしろ自然だった。共産党とは相容れないはずの産経の、ずっと以前から面識のある記者が傍にいることで、家族たちの間に、ある種の安心感が生まれていることを感じていたからだ。

兵本氏は家族たちを熱く説得した。並みの〝力技〟ではなかった。

家族たちの心配は杞憂《きゆう》だった。

家族会結成の際、兵本氏以外の共産党員の姿は周囲になかった。私は翌3月26日の参院議員会館での記者会見は見ていないが、同様だったようだ。

あの幻の「梶山答弁」を引き出した橋本敦参院議員も来なかったという。

一連の兵本氏の活動はむろん党の了解を得ていた。個人プレーのできる組織ではない。ところが、党を挙げて拉致に取りくむ姿勢を目にすることも、感じることも私はなかった。家族たちも同じだったと思う。

この時期の拉致に関する共産党と党員である兵本氏との関係は、はた目にはよく分からなかった。党内事情を問うこともしなかった。結果的に、家族会の結成に政治的な色合いがまったくなかったことは事実だ。

家族たちが信頼を寄せたのは、時に自分たちを叱りつけるほど、欲得なしに拉致事件の解決に情熱を燃やす兵本氏個人だった。近くにいた私には、それが、よく分かった。

組織的な問題が生じることなど一切なく、家族会は兵本氏の助けを借りた自立した組織としてスムーズに結成された。

同じ26日、兵本氏がセットした外務省、警察庁への陳情の後、議員会館で記者会見し、家族会の活動がスタートした。官公庁への陳情や記者会見などとは縁がなかった家族たちは緊張したに違いない。

大きく引き伸ばした息子、娘の顔写真を両手に抱え、そろって会見に臨んだ。写真の持ち方から、カメラ目線まで、兵本氏が事前にアドバイスしていた。

会見で家族会代表の横田滋さんが読み上げた「政府に訴えます。」の案文が手元にある。
《私たちの息子や娘たちが突然、姿を消してしまいました。茫然《ぼうぜん》自失の私たちは、行方不明となった理由・原因について、ありとあらゆることを考え、また、自分たちでできる、あらゆる方法で、その行方を探しましたが、全く手掛かりをつかむことができませんでした……》
家族会結成は拉致被害者救出運動の始まりでもあった。家族たちが意を決して表に出る。まったく新しい局面を迎えたのだった。
もし、あの時、家族会ができていなかったら、どうなっていたのだろうか。兵本氏の功績は計り知れない。

丁字路

家族会の結成を機に、それまでひっそり暮らしてきた拉致被害者の父や母が街頭に立って署名活動を始めた。○○の父、○○の母、と息子や娘の名を書いたタスキを肩から掛けて、道行く人に声をかけるのは抵抗がある。勇気がいった。

1時間で、たった1人の署名しかもらえないこともあった。看板を蹴飛ばされたこともあった。ビラを受け取ってもらえないこともあった。私も、そうした切ないシーンに何度か出くわした。しかし、もう、心ない風評を耐え忍んでいたころの弱い家族ではなかった。

応援してくれる人たちが現れたのだ。

後に全国に広がっていく支援・救援運動の先駆は、家族会結成と前後して新潟市で小島晴則氏の手で発足した「横田めぐみさん拉致究明発起人会」だった。各地のこうした支援組織が一体となり、今日まで拉致被害者家族を支え続けている「北朝鮮に拉致された日本人を救出するための全国協議会（救う会）」に形を変えていった。

産経が97年3月13日付の紙面で亡命工作員、安明進氏の平壌での「めぐみさん目撃証言」を大きく報じたことは先に書いたが、同じ日の産経投書面「アピール」欄に偶然、小島氏の投稿「〝めぐみさん救出〟に支援の輪を」が載った。要約する。

「拉致疑惑が報道されてすぐ、（めぐみさんの）ご両親へ手紙で気持ちを伝えたところ『ご支援ください』とお電話をいただき、心ある20人で発起人会を作り、活動中です。事は国家の主権と人権にかかわる重大な問題です。北朝鮮に真相解明を求め、拉致されている国民を救出することは独立国家として当然の責務です。ご両親と私たちは今月、新潟県知事、県警本部長らに協力を要請する計画です。今後も世論を結集して粘り強く活動を続けます」

その日だけで60件もの電話が全国から小島氏にかかったという。私も活動に加わりたい――。電話は翌日も翌々日も鳴りやまず、手紙を合わせると総計５００を超えたそうだ。新聞の影響力は小さくないのだ。

拉致という、それまであまり聞きなれなかった言葉が人々の口の端にのぼるようになった。私は関与していないが、翌98年春には「救う会」結成に至る。

目には見えない世論を肌で感じたのは97年11月16日だった。めぐみさんの母校、新潟小学校で「横田めぐみさんを救おう　新潟の集い」が催された。前日の15日は、めぐみさん拉致から数えて20年に当たった。

会場の体育館は約1千人の市民であふれた。ジャーナリストの櫻井よしこさんが講演した。当時、テレビのコメンテーターも、文化人も、北朝鮮専門家と称する大学教授や評論家も「あったかどうか分からない拉致」は、下手に触れない方が無難なテーマだった。

話をする、話ができる著名人は櫻井さんしかいなかった。集会を主催した小島氏の依頼で産経社会部の中村将記者が櫻井さんに講演を打診すると、二つ返事で受けてくれたという。

横田滋さん、早紀江さん夫妻、有本恵子さんの父、明弘さんらが登壇した後、佐藤勝巳現代コリア研究所長、朝日放送プロデューサーの石高健次氏と私が講演した。集会後、隣接する寄居中学校校門から、あの日、めぐみさんの足跡が途絶えた、当時の横田家まで100メートルの丁字路まで参加者らが並んで歩いた。拉致関連では全国で初めての大きな集会だった。産経だけが全国版で報じた。

1枚の写真がある。集会の帰路、新潟駅頭で中村記者が写したものだ。横田さん夫妻、家族会の蓮池透事務局長のほか、佐藤氏、西岡力氏（現・救う会会長）、荒木和博氏（現・特定失踪者問題調査会代表）、小島氏、そして共産党議員秘書の兵本達吉氏、石高氏、私の3人が並んでいる。

この先、どうなっていくのか、あの時点では誰にも分かっていなかった。

東京まで満員の新幹線デッキで2時間余、まだ世間に顔が知られていなかった蓮池氏と立ち話をした。彼が東京・豊洲に住んでいることを知り、感慨にふけった。

20年も後に市場移転問題で全国区になる、あの町の中学校で新聞クラブに入ったのが、私の新聞編集との出合いだった。ちょうど13歳。めぐみさんが拉致された年齢だ。読書が好き、運動が好き、草花が好きだった多感な少女は、将来にどんな夢を描いていたのだろうか……。

政府認定

現在、政府が北朝鮮による拉致被害者として12件17人を認定していることは広く知られている。では、最初に被害者認定をしたのは、いつか、ご存じだろうか。私は知らない。横田めぐみさんを認定したのは、いつか、ご存じだろうか。私は知らない。

少し整理したい。97年まで政府、警察が北朝鮮による拉致の疑いがあるとしていたのは、大韓航空機爆破事件の実行犯、金賢姫元工作員の証言（88年）で存在が明かされ、91年の国交正常化交渉で初めて取り上げられた「李恩恵」（田口八重子さん）と、「梶山答弁」（88年）に出たアベック3組だけだった。

前述したように梶山答弁はメディアに無視され、その後、政府も警察もアベック3組について言及することはなく、他の事案についても何の発表もなかったから、多少なりとも日本社会に知られていた被害者は事実上「李恩恵」だけだった。
ところが、産経の報道で横田めぐみさん拉致疑惑が発覚した直後の97年2月7日、政府は西村眞悟衆院議員の「北朝鮮工作組織による日本人誘拐拉致に関する質問主意書」への答弁書で次のように答えた。
《北朝鮮に拉致された疑いのある日本人の数は、これまでに6件9人であり、また、拉致が未遂であったと思われるものは1件2人であると承知している。氏名、失踪前の住所については、本人の安全及びプライバシーの保護の観点から、答弁は差し控えたい》
中身が具体的に示されないまま、国会の答弁書に突然「6件9人」が書き込まれたのだった。これが拉致被害者認定が明らかになった最初だったが、いつ、どういう判断で6件9人と決めたのか、説明はなかった。
3カ月後の5月1日。今度は参院決算委員会で、吉川芳男議員（自民）の質問に伊達興治警察庁警備局長が答えた。
《北朝鮮による拉致の疑いのある事件は、従来、6件9人と判断していたところでございますが、ご指摘の新潟県における少女（横田めぐみさん）行方不明事案も拉致の疑いがあると判断し、全体で7件10人と判断するに至ったところでございます》
7件10人の内訳については、新潟の少女行方不明事案に加え、福井、鹿児島、新潟のアベック3組と日韓警察の捜査で明らかになっていた宇出津事件、辛光洙事件、李恩恵事件をあげた。

産経が80年以来報じてきたすべての疑惑事件で拉致被害者認定の公表に至ったのだった。

産経、読売、毎日は1面で報じ、朝日は社会面3段記事だった。

あの幻の「梶山答弁」から9年の月日が流れていた。

読者はお気づきだろう。本稿には国会の委員会議事録からの引用が多い。理由がある。拉致事件では政府や警察の発表によってではなく、委員会での質疑、あるいは質問主意書に対する答弁書で事実が少しずつ明かされることが多かったからだ。

そうした質疑、答弁書が報道されることは、ほとんどなかったから、本書で初めて知る人も少なくないはずだ。

現在、政府が認定している拉致被害者は12件17人。それ以外にも、警察当局が北朝鮮による拉致が明白、としているケースが1件だけあるので触れておく。被害者が日本国籍でないため政府認定されていないだけだ。

俗に2児拉致事件と呼ぶ。12件で最も発生が早かった宇出津事件（77年9月）より3年も前の74年に起きていた。埼玉県の7歳の姉、高敬美《コギョンミ》ちゃんと3歳の弟、高剛《コガン》ちゃんが福井県小浜市の海岸から北朝鮮へ連れ去られた。母親の日本人、渡辺秀子さんは工作員らに殺害されたとみられる。痛ましい事件だ。忘れがちだが、そうした幼子たちがいたことも覚えておきたい。

《わが国公安当局は姉弟の行方不明事案を北朝鮮による拉致容疑事案と判断するに至った》

政府が北朝鮮に抗議し姉弟の原状回復を求めたのは事件発生から33年後の２００７年だっ

た。主犯の木下陽子（本名・洪寿恵《ホンスヘ》）容疑者は長野県内の高校、都内の大学を卒業して日本人と結婚。韓国籍から日本に帰化して東京・品川の朝鮮総連系貿易会社の役員をしていたが、裏の顔は在日工作組織の幹部だった。事件発覚前に北朝鮮へ逃げたとされる。

受賞スピーチ

話が、少しそれる。

新聞協会賞という、新聞（通信、放送を含む）全体の信用と権威を高めるような活動の推進を目的として設けられている賞がある。

編集部門は日本新聞協会加盟各社から申請のあった記事・写真・映像を全国紙やブロック紙の編集局長たちが審査して受賞者を決める。マスメディア業界では権威ある賞とされている。

原則、過去1年の報道が対象だが、虚報、誤報とされてきた80年のアベック3組拉致疑惑報道の再評価を求める意味合いを込め、横田めぐみさん拉致疑惑を報じた97年、《北朝鮮による日本人拉致疑惑　17年を隔てた2件のスクープ　「アベック連続蒸発」→「横田めぐみさん」》として申請した。

授賞理由は、こうある。

「日朝間の歴史的暗部の一端を掘り起こして一石を投じたこのスクープは、第1報から17年にわたるねばり強い追跡取材により、日本政府に外交的解決を促した報道として高く評価された、新聞協会賞に値する」

虚報、誤報の汚名は、やっとそそがれたが、選考過程で強く異を唱えた新聞社もあったそうだ。

「これが、どうして協会賞なのか」

97年、政府が被害者認定を行った後のことだが、「これが」というのは真偽が定かでない記事との意味合いだろう。

同じ年の秋には外務省高官が次のように発言して物議をかもした。

「拉致疑惑には亡命者の証言以外に証拠はない。韓国の裁判での証言があるとは言ったって、韓国に捕まった工作員だから、彼らは何を言うか分からないわけですよ」

ここで言う「亡命者」は横田めぐみさん目撃を証言した亡命工作員の安明進氏、「韓国に捕まった工作員」は原敕晁さんを拉致し、背乗りをした辛光洙容疑者を指していることは明らかだが、私には、高官の発言にも増して、この発言を誘導した記者の質問の方が驚きだった。

「北朝鮮の拉致疑惑は証拠もないのに、あんなに盛り上がってしまったんですよね」

当時まだ、こうした認識の編集幹部や記者が大手新聞社にも少なからずいた。

朝日新聞は99年8月31日付社説でも、まだこのように書いた。「日朝の国交正常化交渉には、日本人拉致疑惑をはじめ、障害がいくつもある」。

日朝国交正常化に前のめりの一部メディアは、拉致疑惑の存在そのものを「障害」と見て力みかえっているようだった。

拉致疑惑の有無という事実認定の問題が、なにやら〝思想闘争〟めいてきていた。改めて言うまでもない。証言も時に重要な証拠だ。ましてや「原勅晃」に成りすまして、韓国・ソウルで捕まった辛容疑者の法廷には日本の政府や官公庁が発行した証書類の証拠品が10年も前に多数開示されていた。

そうしたことは報道されていなかったから外務省高官も、件《くだん》の記者も知らなかったのだろう。

横田滋さん、早紀江さん夫妻からいただいた新聞協会賞受賞の祝電を今も大切に保管してある。産経社内での受賞祝いは、「めぐみさんが帰国を果たすまではやらない」と決めた。

毎秋、全国持ち回りで新聞大会が開かれる。協会賞受賞者代表には、全国の新聞、テレビ各社の役員たち数百人を前にスピーチする栄誉が与えられる。代表はニュース部門の受賞者が慣例と聞いていた。

こんな機会は一生に一度しかない。たとえ顰蹙《ひんしゅく》を買っても、前述した「メディアが死んだ日」の話をしようと気負った。

当時、そういうこと、つまり10年近くも前に国会で、北朝鮮による日本人拉致疑惑を初めて認めた政府答弁をマスメディアが報じなかった事実を、当のマスコミ人すらほとんど知らなかったからだ。おおげさに書いているわけではない。本当の話だ。

結局、「メディアが死んだ日」のスピーチをする機会は来なかった。意地悪されたわけではない。他部門で受賞した大会開催地元紙への忖度《そんたく》、ただ、それだけのことだったと思う。どこの世界にもあることだ。

この年、大阪・朝日放送プロデューサー、石高健次氏も報道スペシャル「空白の家族たち北朝鮮による日本人拉致疑惑」で新聞協会賞を受賞した。

不自然

97年、すでに昭和は遠く、私は天命を知る年令が近づき、取材現場に出ることが少なくなった。

目に見える新たな展開はなかったが、拉致を風化させてはならないとの思いから、社会部の後輩の中村将記者と一緒に、過去の埋もれた事実を発掘する作業を続けた。

拉致関連では産経も報道しないできた重要なことが、けっこうあった。本書で紹介してきた国会質疑の多くもそうだ。

たとえ以前の出来事でも、読者に知らせる価値があると思われる事実を改めて取材して紙面化した。

その一つが石川県の寺越武志さんのケースだった。

高浜中学2年生だった武志さんは、叔父2人と石川県志賀《しか》町の高浜漁港から漁船「清丸」

でハチメ（メバル）漁に出たまま行方不明になった。63年5月11日夕刻のことだった。

翌朝、「清丸」は海岸のわずか8キロ沖を漂流しているのが発見されたが、船内に人影はなかった。船首には何かと衝突した損傷があり、塗料も付着していたが沈んではいない。付近に岩礁もなく、海もシケていなかった。3人は忽然と消えたのだ。

謎に包まれていたが、家族は「海で死んだもの」とあきらめ、間もなく葬儀をすませた。海上保安本部は2年後、行旅病人および行旅死亡人取扱法に基づいて武志さんらの死亡認定を行い、失跡にピリオドが打たれた。

本書には、ところが、が多いが、ここでも、ところが、である。行方不明から24年もたった87年1月、武志さんと一緒に姿を消した叔父の一人から家族の元に、突然、手紙が届いた。

〈北朝鮮で暮らしている。武志もいる〉

母親、友枝さんは、その年から何度も旅行者として北朝鮮へ渡航。平壌市から電車で4時間ほどの亀城《クソン》市の工場で「金英浩《キムヨンホ》」という朝鮮名で働いていた武志さんと面会した。北朝鮮へ来た理由や日本への帰国の意思を尋ねようとしたが、面会の機会は限られ、微妙な話題は監視役の者に遮られたという。

武志さんは結婚して父となり、労働団体の幹部として何不自由ない恵まれた暮らしをしているとも伝えられたが、電話で友枝さんに食べ物や薬を無心したこともあり、真偽のほどは不明だ。友枝さんは年金の中から武志さんに仕送りを続けた。

「北朝鮮の漁船に助けられた」「寝ていたので覚えていない」

2002年10月、訪日団の一員として一時帰国した武志さんは拉致を否定した。

13歳の、ごく普通の日本の少年が自分の意思で母や友達と別れて、言葉の通じない異国で暮らすことを選ぶだろうか。

もし助けたのならば、なぜ、北朝鮮は赤十字会ルートなどを使って日本側へ連絡してこなかったのか。

不自然さは、だれの目にも明らかだ。

友枝さんも、そう考えているようだったが、「拉致された」とは口が裂けても言えない。息子の身に良くないことが起きるのでは、と案じているからだ。拉致被害者の家族会に加わるわけにもいかなかった。家族たちの集まりに姿を見せたのは、初期の1度だけだったように記憶する。

この事件は石川県の地元紙が熱心に報道していたが、全国紙では報じられていなかった。

中村記者が現地へ出張取材し、97年5月9日付朝刊社会面トップに書いた。

《ナゾの失踪した中学生　北朝鮮で生きていた　34年前　出漁したまま　近く戸籍回復申請》

友枝さんが武志さんの死亡認定取り消しを決意した機会に合わせて掲載した記事だったが、もう一つの拉致、として全国に知られるきっかけとなった。

武志さんには〝著書〟がある。邦題『人情の海』(01年、平壌出版社刊)。拉致を否定し、「偉大なる領導者金日成将軍様」賛美にあふれた自伝風だが、自身が本心で書いたとは到底思えない。最後まで読むことができなかった。
邦訳がインターネット上で公開されているが、一読はお勧めしない。

漱石

拉致した原敕晁さんに背乗りして85年に入国した韓国で逮捕された北朝鮮の大物工作員、辛光洙容疑者の死刑判決文の詳報報道も忘れられない仕事の一つだ。

ソウル刑事地方法院（地裁）での死刑判決の概要は第二章でも触れたが、長大な判決文には辛容疑者の12年間におよぶ日本国内での工作活動が微に入り細に入り再現されている。

本人の供述がなければ書けるものではない。登場する人名、地名、店名などの多くは実名で、紙面掲載にあたっては社会部の中村記者が確認取材した。

原さん拉致、背乗りだけが辛容疑者に命じられた任務のすべてではなかった。

拉致の共犯者として誘い込んだ配下の金吉旭・元朝鮮学校校長に韓国系の在日本大韓民国民団（民団）に偽装転向することを指示したことはすでに触れた。

韓国へ渡航させて、怪しまれずに対南（韓国）工作をさせるためだった。85年に辛容疑者と同時にソウルで逮捕されるまでに、金元校長は実に17回も韓国を訪れ、入手した軍事情報などを北朝鮮に報告していた。

日本や韓国に潜伏している工作員への北朝鮮からの連絡・指令は通常、ラジオの平壌放送の乱数放送で行われた。音声によるA３放送とモールス信号を使ったA２指令を併用していたとされる。

例えば、宮崎県の青島海岸から拉致した原さんのケースでは、辛容疑者は犯行前日の深夜、大分・別府駅近くのホテルで「予定通り決行」を伝える乱数放送を聴いた。

「２９６２７」

１９２９年６月27日生まれの辛容疑者のコード番号だった。

通常、すぐに本文が始まる。例えば５桁の数字だけが長々と読み上げられる。

工作員は乱数表のほか、あらかじめ購入した暗号変換と解読用の指定本を使って読み解く。足したり分けたり、手間のかかる作業だ。放送を傍受していた自衛隊、警察庁、韓国の情報機関などによる解読を困難にするため、指定本を時折変える。金元校長が最初に辛容疑者から渡された指定本は『ドン・キホーテ』だった。

話は飛ぶ。２０１８年１月、文化部デスク時代以来25年ぶりに四国・松山を訪ねた。早朝、路面電車を横目に産経の大先輩の作家、司馬遼太郎の作品『坂の上の雲』をテーマにしたミュージアムを素通りして道後温泉本館へ。夏目漱石の『坊っちゃん』も入ったという湯につかっていて辛容疑者の死刑判決文の末尾にあった証拠品46点のリストを思いだした。

辛容疑者が逮捕時にソウルで所持していた品々の中に、自殺用爆薬や「日本人・原敕晁」に化けるために所持していた戸籍抄本、印鑑証明書、国民健康保険証、運転免許証などに交じって『坑夫』（夏目漱石著、新潮文庫版）があった。

辛容疑者が漱石作品の愛読者だったわけではない。暗号解読用の指定本だった。ちなみに『坑夫』は恋愛関係がこじれた東京の青年が炭坑で働くことになるが、5カ月後に東京に戻るという地味なストーリー。指令さえ間違いなく伝われば、本は何でもよかった。

北朝鮮からの音声による暗号放送A3は00年になって一応終わった。一応と言うのは、突然、短期間だけ再開されたことがあるからだ。音声による乱数放送の終了は工作活動の終わりを意味しない。暗号化した電子メール、モールス信号に切り替えたと推定されている。

判決文は1997年当時、まだ新聞報道されていなかった。繰り返し読んで、拉致や背乗り、北朝鮮工作員の日本国内での活動について、自分が、いかに半可通であるか思い知らされ、その実態を読者に伝えるために紙面掲載を決めた。本書にもあえてスペースを割いて書いたのは同じ意図からだ。

判決から10年以上がたっていたが、97年10月8、9の両日、中村記者と2人で大きな見開き2ページを割いて、要約や関連記事を載せた。新聞編集の常識には外れた扱いだったが、これくらいのスペースは必要と判断した。

寺越武志さんの〝もう一つの拉致〟も、辛容疑者判決詳報も、「古い話」なので他紙には無視されたと記憶するが、そんなことは、もう、どうでもよかった。

土井たか子

辛光洙容疑者といえば思いだす。

89年7月、土井たか子、菅直人、江田五月、田英夫の各氏ら日本の国会議員130人余が署名した韓国の盧泰愚大統領宛て「在日韓国人政治犯の釈放に関する要望」の政治犯29人のリストに辛容疑者が含まれていた。

13年後の2002年になって当時の安倍晋三官房副長官が、この事実を公にし、署名した議員たちを「間抜けな議員」と呼んで火をつけた。

日本人を北朝鮮に拉致した実行犯であることが韓国の法廷で確定していた工作員の釈放を日本の国会議員たちが求める――とんでもないことだった。

署名議員たちの言い訳、その1。

「当時(89年)、辛光洙容疑者が日本人拉致の実行犯だとはわかっていなかった」

これは事実ではない。

前述した通り、辛容疑者が拉致した原敕晁さんに成りすましていたことは、韓国で逮捕された85年に産経以外でもそれなりには報じられていた。韓国の法廷で判決も下っていた。

署名議員たちの言い訳、その2。

「拉致実行犯の氏名や具体的な犯行内容については国会議員だけでなく、一般社会にも全く認知されていなかった」

「全く」は言い過ぎだが、辛容疑者の名がほとんど知られていなかったことは否定できない。拉致被害者家族たちの多くも97年の家族会結成まで原さん拉致事件（辛光洙事件）は知らなかった。国内の報道ぶりからすれば、それが普通だった。

もし議員たちが、辛容疑者らによる日本人拉致・背乗りを知っていて署名したのであれば、間抜けで済む話ではない。

89年といえば、あの「メディアが死んだ日」の翌年だ。拉致に対する日本社会全体の認識は、まだ、その程度だった。

この話は巷間知られるように安倍官房副長官の発言が端緒だったが、実は、ずっと以前、署名直後の89年9月、週刊文春が大きく報じていた。

そのことに他のメディアも、ずっと気づかない。気づいても問題にしない。私自身、知らずにいた。何も調べないで安易に署名するいいかげんさを弁護するつもりはないが、議員たちだけを責める気にもなれない。

死刑判決を受けた辛容疑者は金大中大統領による恩赦で釈放され、2000年9月、英雄として北朝鮮へ帰った。日本の国会議員たちの釈放要望署名が、何らかの影響を及ぼしたのかどうかは分からないが、日本の警察当局が辛容疑者から直接、事情聴取する機会は失われた。

その後、06年になって警視庁は辛容疑者をアベック拉致事件の一つ、福井事件の実行犯として国際手配した。

また、一時期、辛容疑者から招待所で教育を受けた拉致被害者、曽我ひとみさんは帰国後、「辛が、『(横田) めぐみちゃんを日本から拉致してきたのは自分だ』と話した」と証言しているが、こちらについては裏付けが取れず、手配に至っていない。

あなたは拉致を、いつ知りましたか?

機会があると、問いかける、と先に書いた。

1980年の産経の初報で知った人が最も早いが、少数だ。40歳以下の中には、まだ生まれていなかった人も含まれるし、50代の人の多くも新聞を読む年齢ではなかったのだから当たり前だろう。

85年の辛容疑者逮捕をあげる人は、めったにいない。ほとんど報道されなかったからだ。報道しなかったからだ。本書で辛容疑者の判決文の詳報を紹介したのは新聞記者として、報じないできたことへの〝贖罪《しょくざい》〟に似た気持ちもあった。

それにしても、これほどの重大事にもかかわらず、人により拉致疑惑の存在を知った時期に20年近い隔たりがあるのは、すごいことではないだろうか。

本書でたどっている拉致報道(不報)の異様ともいえる経緯が反映されている。

テポドン

「日本から拉致された女性から（日本人化）教育を受けました」

87年に起きた大韓航空機爆破事件の実行犯、金賢姫・元北朝鮮工作員の証言に端を発した「李恩恵」問題で、日朝国交正常化交渉が92年に暗礁に乗り上げて中断したことは、第三章で触れた。

この間、北朝鮮では94年に死去した金日成主席から息子の金正日総書記（国防委員長）へ代替わりしたが、対日基本姿勢が変わることはなかった。

ただ、正常化交渉の中断中、全くの没交渉だったわけではない。政府に代わって、政党による、いわゆる党外交が繰り返された。

95年の連立3与党（自民、社会、さきがけ）訪朝団（渡辺美智雄団長）に続き、97年には連立与党訪朝団（森喜朗団長）が平壌を訪問した。

訪朝団が「国交正常化交渉の再開に向けた環境醸成を考える上で、重要問題として日本人拉致疑惑を取り上げ、北側に早期解決へ向けた建設的対応を求めた」のに対し、北朝鮮側は「この問題を取り上げるのは環境醸成にそぐわないが、日本の立場を考慮して（拉致被害者ではなく）一般行方不明者として調査を行う」とした。

ところが、翌98年6月になると、朝鮮赤十字はこう発表した。

「日本側の資料で指摘された人物（注・当時の政府認定拉致被害者7件10人を指す）は、わが国領土には存在せず、過去に入国、もしくは一時滞在したこともないことが最終的に証明された」

完全否定だった。

日本政府が拉致被害者を認定したところで、何の変化も起きなかった。党外交も、これという具体的成果をもたらすことはなかった。

それどころか、というべきか。同年8月31日、北朝鮮は中距離弾道ミサイル「テポドン1号」を発射したのだった。日本列島上空を越えて太平洋上に着弾。日本全土を射程におさめるミサイルの開発に成功したことを示すものだった。

手前みそのようで恐縮だが、産経は発射10日前に1面で報じていた。

《北朝鮮がテポドン発射を準備》

ほとんどのマスメディアに無視された点は、アベック拉致疑惑報道に似ているが、今度は記事通り、すぐに現実となった。北朝鮮は発射4日後になって「人工衛星を軌道に乗せた」と発表した。

「衛星からモールス信号が地球に電送され、金日成将軍の歌と愛国歌が流れている」

そう強弁したが、歌は地球上のどこでも聴くことはできなかった。国連安全保障理事会は招集されたが、北朝鮮への制裁決議も非難声明も出されなかった。国際社会の北朝鮮ミサイル開発の受け止め方は当時、その程度だった。

Ｊアラート（全国瞬時警報システム）などなかった時代で、テポドン発射から政府の着弾地発表までに半日も要した。

産経の野口裕之記者によるスクープ記事は翌99年度になって新聞協会賞を受けた。

北朝鮮のミサイル発射は初めてではなかった。93年5月には準中距離弾道ミサイル「ノドン1号」を日本海へ着弾させていた。日米両政府は公表を数日見送り、国連安保理も招集されなかった。

この時は、中東のイランに対し、石油との取引のため、北朝鮮製ミサイルのデモンストレーションをした、とみられた。射程が短かったこともあってか、将来への深刻な懸念が広がった形跡は見つからない。

しかし、列島を飛び越えて米国をも視野に入れたテポドンの発射は、さすがに日本社会を震撼させ、「太平の眠りを覚ました」とまでいわれた。

新たに発覚した、横田めぐみさん拉致疑惑にミサイル発射が加わったことで、国交正常化交渉は再開の道を断たれたかに思われたが、そうではなかった。

拉致をめぐる対立で7年間も絶えていた交渉が、拉致について何らの進展がないまま、再開へと向かっていった。

それが日本社会全体の空気だった。

大阪

家族会結成の翌98年夏、私は大阪本社へ社会部長として異動した。

その直前、福井事件の拉致被害者、浜本（現・地村）富貴恵さんの兄、雄幸さんからの依頼で、福井県小浜市で催された「北朝鮮に拉致された日本人を救おう　小浜の集い」に呼ばれた。話したいこと、話せることは、拉致は事実ということに尽きた。

集会前日、浜本さんが経営していた海沿いの民宿を訪ねた。アベック拉致を最初に取材した79年以来だった。

「警察が家出人として扱っているのが、大変不満です」

北朝鮮による拉致などと誰も思っていなかった19年前、雄幸さんは拳を固く握りしめて悔しそうに、そう話した。長い道のりだったが、やっと政府が拉致認定をするところまでたどり着いた。

雨の中、会場の小浜市「働く婦人の家」には350席に500人もの市民が詰めかけ、床にゴザを敷いて席を増やしていた。先に書いた前年の新潟集会に次いで2番目の大きな集会だった。新潟、福井両事件の地元で厚く張っていた拉致報道氷河期の氷が市民の熱気で解け始めたように感じた。

転勤した大阪も、北朝鮮工作員、辛光洙容疑者らによる原敕晁さん拉致事件の地元のはずだった。原さんが調理師をしていた中華料理店や拉致の謀議をしたフグ店などの周辺を訪ね歩いたが、赴任中の2年間、大阪で拉致という言葉を聞くことは、ほとんどなかった。当時、関西では和歌山の毒物カレー事件や大阪府知事の刑事事件といった派手な話題があったせいもあるのか、拉致への関心は薄く感じた。

しかし、それは関西人が冷たいということではないと、間もなく知った。全国紙といっても産経に限らず、紙面、特に社会面は地域色が濃い。関西では概して拉致関連の情報が少なかったのだ。インターネットでのニュース配信は限定的で、新聞紙が主たる情報源の時代だった。

日本新聞協会大阪事務所で出会った人の依頼で、教育関係者に拉致の話をする機会が一度だけあった。ＮＩＥ（Newspaper in Education＝教育に新聞を）活動の一環だったと記憶する。

そんなことが本当にあったのか……。拉致を初めて耳にしたような反応には驚いたが、まだ政府の拉致被害者認定を受けていなかった元神戸市立外大生、有本恵子さんの両親が、わざわざみえられていて、恐縮した。

このころ家族会は「救う会」の支援の下、精力的に政府への要請行動を始めていた。99年春には首相官邸で小渕恵三首相との初めての面会も実現した。

99年5月2日、東京・日比谷公会堂で「北朝鮮に拉致された日本人の救出を国政の最優先課題にするための国民大集会」が催された。初めての全国規模の集会とあって、ゴールデンウイークの最中にもかかわらず、1900人もの人々が集まった。

集会呼びかけ人代表のジャーナリスト、櫻井よしこさんは訴えた。

「日本人救出のために、何もなしえないでは、政府も国もありません。政府を政府たらしめ、国を国たらしめて、立場の相違をのりこえて今、国民の声を結集してまいりたい」

2000年、大阪勤務を終えて東京に戻るとすぐ2回目の国民大集会があった。

私は舞台の袖で横田滋さん、早紀江さん夫妻から、めぐみさんの双子の弟、拓也さんか、哲也さんのどちらかを紹介され、会場の隅で集会の進行を見ていた。出る幕がなくなり、正直、ほっとしていた。

拉致が世間の話題にすらならなかった「第1氷河期」とは雲泥の違いだったが、拉致報道が少ないメディアに、家族たちがいらだちを募らせた場面もあった。

《公共放送であるNHKの消極的な報道は、なぜなのでしょうか。（サッカー・ワールドカップと違い）拉致事件では特集番組など組んだことは一度もありません》

1998年、平壌でのめぐみさん目撃を証言した亡命工作員、安明進氏が新潟空港に来日した折の新潟県民集会で採択されたアピールの一節だ。

2種類の風

文在寅《ムンジェイン》大統領の言動でも分かるように、韓国では政権によって対北朝鮮政策が揺れる。米国も一時期、そうだった。そうした南北、米朝関係の動向は日本政府の北朝鮮に対する姿勢や日本国内の世論にも少なからぬ影響を及ぼしてきた。

99年末になって村山富市元首相を団長とする超党派の訪朝団（通称・村山訪朝団）が平壌を訪問した。その背景にも、カーター元米大統領の平壌訪問や核開発問題での米朝間の一定の合意や、韓国の金大中政権の対北融和政策「太陽政策」による南北関係改善の動きがあったとされる。

村山訪朝団の下交渉の末、拉致問題をめぐって中断していた日朝国交正常化交渉が再開されることになった。そこに今度は食糧支援問題が浮上した。

北朝鮮は95年、大水害に見舞われた。国連の緊急要請に応じて日本はコメ50万トンを送った。その後も北朝鮮の食糧不足は慢性的に続き、２０００年3月、日本政府は人道的見地からコメ10万トン（38億4千万円相当）の支援を実施。10月には、さらに50万トンの追加支援に踏み切った。

これだけの支援をすれば、拉致問題解決にも有利に働くのではないか、といった希望的観測も流れたが、拉致を棚上げしたままでの国交正常化、コメ支援の動きに、家族会は猛反発した。外務省前、自民党本部前で座り込みの抗議行動をしたのは、このころだった。

「北朝鮮の食糧危機は人為的なものです。巨額のミサイル開発費を食糧輸入に回せば国民の餓死は回避できるんです」

「いくら援助しても飢餓状況の改善にはつながりません」

地方から上京して、都心で道行くサラリーマンやＯＬに訴えかける家族たちの姿は、見るに忍びなかった。

全国に広がった「救う会」をはじめとする支援者たちからの温かい追い風と、政府・自民党からの冷たい向かい風。２種類の風が渦巻く中で拉致問題ＶＳ国交正常化、二者択一の構図に翻弄される家族たちが政府・自民党に強い不信感を抱いた時期でもあった。

たとえ拉致が事実だとしても正常化を優先すべし、正常化の過程で拉致を解決すべし、というムードが政治家やメディアの間に漂い始めた。

テポドン発射も、横田めぐみさん拉致疑惑発覚も、何ら支障にならず、00年4月、政府間交渉が7年半ぶりに再開されたのだった。

北朝鮮は日本側に過去の清算を最優先に求め、日本側は村山談話の踏襲を説明した。周知のように村山談話とは戦後50年の終戦の日にあたる１９９５年8月15日、時の村山首相が過去の植民地支配と侵略を公式に認め、閣議をへて反省とおわびを表明したものだった。日本側は核査察の受け入れ、弾道ミサイル開発の自制などを求めたが、北朝鮮側は核もミサイルも「日本は関係ない」「自主権に属する問題」と突っぱねた。

拉致問題で日本側は誠実な対応を重ねて求めたが、北朝鮮側は頑《かたく》なだった。

「拉致はありえず、議論すべきではない」（第9回会談、２０００年4月、第10回会談、同8月）

「政府間交渉の議題とすべきではない」（第11回会談、同10月）

従来の主張を繰り返した。膠着《こうちゃく》状態となり、再開されたばかりの交渉は再び中断した。01年暮れ、朝鮮赤十字会は日本側が要請した行方不明者の消息調査を全面的に中止すると発表した。大量のコメ支援の効果は全くなかった。

拉致問題が、どこへ向かうのか、見通すことはできなかった。被害者家族からいただく年賀状には毎年「今年こそは」とあった。私も「今年こそは」と書き続けた。

袋小路に入っていた。

北朝鮮に拉致を認めさせない限り、前には進まない。それができるのは、それをすべきなのは、政府しかない。

当たり前のことだが、そう思うようになっていた。

タブー

今は北朝鮮関連のニュースが毎日のように流れるが、もともと日本国民には縁遠い国だった。

内閣府は毎年「外交に関する世論調査」を実施している。諸外国について、さまざまな設問がある。北朝鮮が対象に加わったのは00年秋実施の調査からだ。それまでは東欧諸国や中南米諸国はあるのに、北朝鮮はなかった。拉致疑惑があっても、ミサイルが上空を横切っても、だ。

その00年調査によると、北朝鮮への関心事項（複数回答）は、ようやく広く認知されるようになった日本人拉致問題が68・6％、続いてミサイル問題52・1％、食糧支援問題50・5％の順になっている。

世紀が変わった01年から翌年にかけ、国民の目を、さらに北朝鮮へ向けさせる事件が続いた。

17年2月、マレーシア・クアラルンプール国際空港で暗殺された金正男《キムジョンナム》氏。金正恩《ジョンウン》朝鮮労働党委員長の異母兄だ。01年5月1日、ドミニカ共和国の不正旅券で、中国人の偽名を使って妻子らとみられる同行者とともに成田空港から不法入国しようとして拘束された。東京ディズニーランドへ遊びに行く予定だったとされている。

日本政府が断定することはなかったが、金正男氏本人であることに疑いはなかった。報道によって事件が公になると、時の小泉純一郎首相、田中真紀子外相の判断で同4日には早々と中国・北京へ国外退去処分となった。外交問題化することを恐れた政府による、いわば超法規的な措置だった。

当時、金正男氏は金正日総書記（国防委員長）の有力後継候補と目されていた。その重要人物の身柄を日本が押さえたのだ。なぜ北朝鮮との拉致問題の交渉カードとして使わなかったのか。家族会と支援団体は抗議集会を開いて政府を糾弾した。

どの程度のカードになりえたかは分からないが、家族たちが向こうから勝手に飛び込んできたチャンスととらえたのは自然だった。

もう一つの事件は同じ年の11月に起きた。

朝鮮総連系金融機関である朝銀東京信用組合の資金流用疑惑が表面化し、朝鮮総連中央本部が警察の家宅捜索を受けた。中央本部の捜索は1955年の朝鮮総連結成以来、初めてのことだった。預金の北朝鮮への不法送金や日本での政界工作への流用などが疑われた。

北朝鮮への不法送金の一端は、第一章で紹介した元朝鮮総連幹部の告白を野村旗守氏が取材構成した『わが朝鮮総連の罪と罰』に詳しい。

朝銀内の裏口座に大量の金を蓄えていた朝鮮総連は、新潟に入港する船で現金を北朝鮮へ運んだという。屈強な若者たちが1億円も詰まった鞄を上越新幹線で東京から新潟へ運搬。これを2千万~3千万円に小分けして袋に詰め、祖国親族訪問で大型貨客船「三池淵《サムジヨン》号」や「万景峰号」などに乗って北朝鮮へ渡る人たちに、中身は知らせずに持たせる。

一定額以上の持ち出しは、申告しなければ外為法違反になるが、朝鮮総連が日頃から税関職員たちを接待などで手なずけていたので、乗船時の手荷物検査は簡単にすり抜けられたという。

自分自身、10年間に30回ほど東京から新潟へ現金を運んだ、という本人（元朝鮮総連幹部）の話だ。事実だろう。日本は工作員の出入りだけでなく、北朝鮮への違法なカネの出にも寛容だったことが分かる。

こうした現金運搬の実態や万景峰号が日本に潜伏する工作員らへの本国からの指令伝達の場となっていることは日本の公安当局も把握してはいたが、朝鮮総連に捜査の手を伸ばすことは長くタブーだった。中央本部捜索の際も、国会議員2人が朝鮮総連幹部らと警察庁を訪ね不当な政治弾圧だ、と抗議していた。

特殊な人たちの話ではない。産経や読売、フジテレビを除くマスメディアは、世紀が変わっても北朝鮮を「朝鮮民主主義人民共和国」と呼び続けた。呼称問題については改めて触れるが、戦後の昭和期に一部政治家やメディアによって培われた日本社会の北朝鮮に甘い体質に変化はなかった。

相次いで経営破綻した全国各地の朝銀に、政府が総計1兆4千億円近い公的資金を投入したことは、まだ記憶に新しい。

追跡

金正男氏拘束、朝鮮総連中央本部捜索、どちらも国民の北朝鮮への関心を高めたが、拉致との関連で注目されたのは北朝鮮工作船が起こした2つの事件だった。

日本からの拉致には工作船が使われた。工作船の無法な航行さえ阻止できていれば、そもそも拉致は起きえなかったわけだが、日本の海の守りは、どうだったか。

第三章でも触れた亡命工作員、安明進氏の著書『北朝鮮　拉致工作員』に次の記述がある。

《日本の人々は自国の治安組織が国民の安全を守ってくれると絶対的な信頼を寄せているか

もしれないが、北朝鮮スパイにとってみれば、赤子の手をひねるようなものなのである》
《北朝鮮スパイが日本の領海に侵入して海上警察に発見されても、逃げれば終わりだった》
工作員を養成する平壌の金正日政治軍事大学では成績が悪い者は日本担当にされたという。理由は《日本侵入が一番やさしいから》だった。

手元の資料を見ると、安氏の話を事実と認めざるを得ない。

海上保安庁（海保）が1948年の発足以来、北朝鮮のものとみられる不審船を確認した事例は21件ある。21件しかない、というべきかもしれない。

（1）63年6月　山形県酒田市沖　追跡するも逃走
（2）70年4月　兵庫県竹野町（現・豊岡市）沖　追跡するも逃走
（3）71年8月　青森県・艫作崎《へなしざき》沖　追跡するも逃走
（4）同　北海道・江差港《えさしこう》沖　追跡するも逃走
（5）71年10月　鹿児島県頴娃町《えいちょう》（現・南九州市）沖　追跡するも逃走

産経がアベック拉致を報じた80年には6件も集中したが、これ以上、列挙するのは意味がない。すべて《追跡するも逃走》だ。なぜ、そうなのか。答えは簡単だ。海保の巡視船艇より不審船の方がスピードが速かったからだ。

確認された不審船内に、拉致された日本人がいたかもしれない、密出入国する工作員がいたかもしれない——。

《追跡するも逃走》に終止符が打たれたのは海保21件目の確認ケースだった。2001年の暮れも押し迫った12月21日から22日にかけて、奄美大島沖（九州南西海域）工作船銃撃事件が起きた。

最初の不審船情報は在日米軍から防衛庁（当時）を経由して海保へ届いた。21日夕、自衛隊の対潜哨戒機が奄美大島北北西の東シナ海で中国漁船を装った不審船「長漁３７０５」を発見した。画像解析の結果、北朝鮮工作船の可能性が高まった。海保の巡視船艇、航空機が現場海域へ急行し、海上自衛隊からも護衛艦が現場へ向かった。

どうせ《追跡するも逃走》に終わるのだろう。私は拉致された日本人が船内にいないことを祈りながら、冷ややかにニュースを見ていた。

不審船は停船命令を無視して西進した。漁業法違反容疑（立ち入り検査忌避）が成立したが、法律が定める危害射撃時の免責要件を満たさないため、不審船の乗員に危害を加えない船体射撃を決めた。船尾を狙っての射撃は効果がなく、不審船は逃走を続けた。

「停船しなければ、銃撃を行う」

威嚇射撃にも、不審船は動じない。海保は主機関がある船首への射撃を決断し、機関砲を撃った。曳光弾《えいこうだん》がドラム缶に命中して火災が発生したが、鎮火後、不審船は再び逃げた。

夜になり、巡視船2隻は不審船を挟撃し、海上保安官が小銃を手に強行接舷を試みた。すると不審船の乗組員たちが巡視船に向かって自動小銃で銃撃を始め、巡視船側も正当防衛射撃で応戦して銃撃戦になった。

防弾が施されていない巡視船「あまみ」の損傷は激しく、操舵《そうだ》室を１００発以上の銃弾に貫通され、海上保安官3人が負傷した。幸い、巡視船の上をかすめたが、工作船からはロケット弾まで発射された。

22日午後10時13分、不審船は突然、火柱を上げて爆発炎上し、海に沈んだ。自爆したのだった。

反対する声もあったが、小泉訪朝直前の02年9月11日、沈没現場が中国のEEZ（排他的経済水域）内であったため、中国に協力金を払って不審船は海中から引き揚げられた。

自爆スイッチ

海上保安庁は02年末、奄美大島沖工作船銃撃事件で自沈した船を北朝鮮工作船と断定し、捜査状況を公表した。
（1）1998年に起きた北朝鮮籍の船が海上で日本の暴力団関係者に北朝鮮製覚醒剤を渡した事件に関与した船と同一である可能性がある。
（2）船内から回収した携帯電話の発信記録に日本の暴力団関係者のものと思われる電話番号が含まれていた。
（3）巡視船の追跡から逃れる途中、工作船の乗員が複数の積み荷を海に捨てた。
こうした点から海上で取引を行う北朝鮮の覚醒剤密輸船だった疑いが濃い、とした。

ただし、沿岸への接近に使う子船（小型舟艇）、上陸用ゴムボート、潜水用具、防水スーツなどが船内から見つかり、《工作員の輸送など日本への不法出入国目的の疑いも否定できない》ともした。映画「007」シリーズでしか見たことのない水中スクーターまであった。回収品にあった鹿児島県枕崎市周辺の地図には指宿《いぶすき》・開聞岳《かいもんだけ》近くの海岸に印がつけてあり、上陸予定地点の可能性もあった。

海底から引き揚げられた工作船は当初、スクラップ処分される予定だったが、日本財団（曽野綾子会長＝当時）が一般公開を申し出て、経費を全額負担し、翌03年5月から9カ月間、東京・お台場の「船の科学館」に展示した。

北朝鮮の工作船が公開されるのは初めてだった。目にする機会のない船とあって見学者が列を作った。展示は9月までの予定だったが、希望者が多く、翌年まで延長された。見学者は計160万人を超えた。

私も取材に出かけた。百聞は一見に如《し》かず。それまで「北朝鮮の工作船」と書いたり、話したりしてきたが、新聞記者がいかに知ったかぶりをしているか、思い知らされ、船内から回収された多くの展示品に度肝を抜かれた。

船体は44トン、全長29・68メートル、幅約4・66メートル。子船を格納する船尾部の開閉する観音扉が、なんとも不気味だった。

ロシア製のディーゼルエンジン4基を搭載し、普通の漁船の10倍近い4400馬力の高速船で、最高スピードは33ノット（時速61キロ）と説明書きにあった。

最新の武器類を装備していた。82ミリ無反動砲、ロケットランチャー、対空機関銃、軽機関銃、自動小銃……。政府の想定をはるかに超える重武装だった。これでは海上保安庁の巡視船艇では太刀打ちできない。

日本語で「赤飯」「とりめし」とラベルにある缶詰、「金日成バッジ」などの小さな品々も展示されていたが、多くの見学者の足を止めさせていたのは自爆スイッチだった。工作船は自爆直前、北朝鮮と最後の交信をしていたことが分かっている。

10人前後とみられる乗員は全員死亡し、回収された8人分の遺体、遺骨は鹿児島市内の無縁墓地に葬られた。北朝鮮は結局、この工作船が自国のものと認めたが、遺体・遺骨の引き取りを求めることはなかった。

同様の構造の工作船は、日本人拉致にも使われたとされる。

船内を見て回るうち、気分が悪くなった。横田めぐみさん目撃情報を初めてもたらした北朝鮮の亡命工作員、安明進氏の著書『北朝鮮　拉致工作員』の一節を思い出したからだ。

――（めぐみさんは）北へ連れ去られる工作船の真っ暗な船倉に40時間以上も閉じ込められた。ずっと「お母さん！お母さん！」と叫びながら壁などをひっかいたので、爪が剥がれそうになって血だらけだった――。

拉致を実行した金正日政治軍事大学教官の話だという。

「もう一度見学に行かないか」。友人に誘われたが遠慮した。そんな気にはなれなかった。

工作船は現在、場所を移して横浜の海上保安資料館横浜館に展示されている。ここでの見学者も2017年夏で累計300万人を超えたという。

ターニングポイント

北朝鮮工作船の話を続ける。拉致と切り離せないからだ。

日本の海の守りのターニングポイントとなったのは、奄美大島沖工作船銃撃事件の2年前、1999年春に発生した能登半島沖不審船事件だ。海上自衛官たちが文字通り命がけで北朝鮮工作船に対峙した初のケースだった。

同年3月21日夜、能登半島東方沖の海上から発信される不審な電波を自衛隊、警察庁、在日・在韓米軍が一斉に傍受したとされる。海上自衛隊（海自）の舞鶴基地からイージス護衛艦「みょうこう」などが緊急出港。同23日朝、対潜哨戒機P−3Cが、船名を付けた不審な2隻を見つけた。

新潟・佐渡沖に「第一大西丸」、能登半島沖に「第二大和丸」——。

漁船にしてはアンテナが多い。甲板上に漁具がない。船尾に観音扉がある。これらの船名の漁船は実在したが、「第一大西丸」はすでに廃船になっていた。「第二大和丸」は方向違いの兵庫県浜坂沖で操業中と分かった。日本漁船を装った偽物だ。警察庁は日本海沿岸の各県警に「KB（コリアンボート）参考情報」を伝え、沿岸の警備強化を指示した。

不審船は海保巡視船艇の停船命令を無視し、威嚇射撃、警告射撃にもかかわらず速度をあげて逃走。スピードの遅い海保の巡視艇は追跡を断念した。

「海上保安庁の能力を超えている」

運輸大臣（当時）から防衛庁長官（同）へ連絡が入り、深夜の閣議で自衛隊法に基づく初めての海上警備行動が承認された。海上警備行動とは海上での人命、財産の保持、治安の維持を目的とする自衛隊の活動を指す。自衛隊史上初の発令だった。

不審船に弾を当てないように前へ後ろへ警告射撃、警告爆撃を繰り返して停船させ、「みょうこう」が不審船に接近して立ち入り検査（臨検）を行うことになった。海自隊員たちが拳銃を手に不審船に乗り込む段取りだが、何が起こるか予測がつかない。相手は特殊訓練を積んだ北朝鮮の工作員である可能性が高い。重火器で武装しているかもしれない。もし武器による抵抗を受けたら、どうするのか。

当時、こうした事態は、ほとんど想定されていなかった。隊員たちの中には小銃、拳銃の扱いに不慣れな者もいた。満足な装備もなかった。防弾チョッキすらなかったという。代わりに漫画雑誌「少年マガジン」を粘着テープで胸にぐるぐる巻きにする、お粗末さだったという話を知った時、私は冗談だと思ってしまった。

不審船内に拉致された日本人が閉じ込められている可能性はゼロではなかった。臨検中に自爆・沈没でもされたら一体どういう事態になったか。奄美大島沖事件と同等の武装をした工作船であったなら、日本側にも甚大な犠牲が生じただろう。

自衛隊史上、隊員が最も死に近づいた時、という表現は大げさではない。

結局、不審船は高速で防空識別圏外へ逃げ去り、追跡を断念した。直後、北朝鮮から旧ソ連製のミグ戦闘機が出撃。海自の各護衛艦は対空戦闘に備え、航空自衛隊（空自）からも戦闘機が発進したとされる。一触即発の危機だった。

この事件は法律上の制約などから、海上保安庁では不審船事案に有効に対応できないことを改めて浮き彫りにした。２００１年、海上保安庁法が改正され、条件付きながら巡視船などが停船命令を無視して逃走、抵抗する船舶に射撃し、万一、船舶の乗務員に危害が及んでも海上保安官は免責されることになった。

北朝鮮は日本の法律もよく知っていた。先述した安明進氏の著書にこうある。

《日本の海上保安庁は武器は絶対使わない。日本の法律でそうなっているのだから、スパイはほとんど恐れもしなかった》

能登半島沖不審船事件は、新造する巡視船艇の能力を向上させるきっかけともなった。01年には海自に臨検などを専門とする特殊部隊「特別警備隊」と「立入検査隊」が創設された。

能登半島沖と奄美大島沖の２つの事件後、日本近海で海保が工作船を確認した事案は一件もない。北朝鮮・清津《チョンジン》の基地から出港する工作船は米国の衛星が監視を続けている。

第五章

金正日が私の記事を証明した

欧州ルート

北朝鮮による人権、主権侵害の国家犯罪について、日本社会に確たる世論が生まれる分岐点は、日航機「よど号」乗っ取り犯の元妻、八尾恵・元スナック店主の2002(平成14)年3月の「自供」にあった、と私は思っている。

「(有本恵子さんを)騙《だま》して北朝鮮へ拉致しました」

拉致に懐疑的だったメディアが一斉に方向転換し、拉致報道が急増、激増したことは新聞各紙の縮刷版をめくれば一目瞭然だ。日朝国交正常化を優先すべし、といった一部政治家たちの声は聞こえなくなった。

1997年3月の家族会結成に加わった拉致被害者7人の家族の中に神戸から来た有本明弘さん、嘉代子さん夫妻の姿があったことは前述した。

有本恵子さんの両親だ。被害者家族で最も早く、家族会結成の10年も前から「なぜか北朝鮮にいる」愛娘《まな》の救出を訴え続けてきたが、そのことが世間に知られることは、ほとんどなかった。

有本さんのケースだけが異質だったが、家族会に温かく迎え入れられた。

拉致当時23歳だった恵子さんの事件をたどる。

英国に語学留学に出たのは82年春だった。ロンドンでホームステイしながら語学学校に通った。半年の予定が1年に延び、両親への絵はがきには83年8月9日17時15分着の飛行機で「大阪に帰る」とあった。

失踪直前の同年6月13日に日本の友人にあてた手紙がある。

〈今、突然、仕事が入って来たのです。Market Research（市場調査）といって、仕事の内容は――（略）。家族には8月に帰ると言ってあるのですが、帰れそうにありません。飛行機のキップはキャンセルします》《でも何だかラッキーだったなあ。外国で仕事ができるなんて、今すごく、うれしい気分です。少し大袈裟《おおげさ》かも知れないけど、人生の第一歩を踏み出したといった感じです〉（原文ママ）

喜びが文面にあふれていた。

同年6月30日、デンマーク・コペンハーゲンからの両親あて絵はがきには〈ここで7月15日に友達に会う〉とあったが、帰国延期や仕事の件には触れていない。それきり消息を絶った。両親にはわけの分からないまま時が過ぎた。

恵子さん拉致事件発覚の端緒は北朝鮮から届いた手紙だった。失踪から5年もたった88年9月、恵子さんと同じように欧州旅行に出たまま8年間も消息を絶っていた北海道の石岡亨さんから札幌の実家にポーランド消印の便りが舞い込んだ。

〈家族の皆様方、無事に居られるでしょうか。長い間、心配を掛けて済みません。私と松木薫さん（京都外大大学院生）は、元気です。途中で合流した有本恵子君（神戸市出身）供々、三人で助け合って平壌市で暮らして居ります。事情あって、欧州に居た私達は、こうして北朝鮮にて長期滞在するようになりました。（中略）取敢へず、最低、我々の、生存の無事を伝へたく、この手紙を、かの国の人に託した次第です〉（原文ママ）

結婚したとみられる石岡さんと恵子さんとの間に誕生したと推測される乳児の写真が同封されていた。日本へ手紙を出すことなど許されるはずもない。スキを見ての必死の便りと察せられた。文中の「事情あって」が何なのか、言及はなかった。

恵子さん、松木さんの実家にも伝えるよう、連絡先が記してあった。

「行方不明だった息子から、北朝鮮にいるという手紙を受け取りました。日本人3人で生活しているそうで、そのうちの一人が、お宅のお嬢さんです」

石岡家からの電話を受けた有本夫妻はキツネにつままれた思いだった。なぜ北朝鮮にいるのか。一緒にいる石岡さん、松木さんとは、だれなのか……。

失踪当時、石岡さんは22歳、松木さんは27歳。日大農獣医学部（当時）の学生だった石岡さんは酪農品づくりの勉強に欧州へ行ったまま失踪していることは、すぐに分かった。松木さんの実家との連絡に手間取ったが、京都外語大大学院生でスペイン語の勉強のため留学したまま行方が分からない、と知った。

恵子さんのケースが、これまで本稿で取り上げてきた日本からの拉致事件と決定的に違うのは、北朝鮮にいる、ことからすべてが始まったことだった。

U書店

娘が自分の意思で北朝鮮にとどまることなどありえない——。

そうは思っていても確認するすべがない。拉致事件の被害者家族たちは、それぞれにつらい時間を過ごしてきたが、政治家、メディアに最も翻弄されたのは有本恵子さんの両親、明弘さん、嘉代子さん夫妻だった。

国会議員に電話をかけまくった。外務省にも出かけて娘を捜してほしいと訴えた。

「国交がありませんからね」「くれぐれも他言無用に」

例外的に親身になって外務省、警察庁へ連れて行ってくれた国会議員秘書もいたそうだが、残りは、まともに相手にしてくれなかったという。

北朝鮮に太いパイプを持つといわれていた野党の大物政治家に北朝鮮から届いた手紙の件を伝えたこともあった。前述した金丸訪朝団（90年9月）メンバーの自民党有力議員に手紙のコピーを渡して恵子さん捜索を北朝鮮側に求めるよう依頼したこともあった。

いずれもナシのつぶてだった。

ここでも恥をさらさなければならない。有本さん夫妻には、ずっと言えずにきたが、産経は90年冬、政治部ルートで北朝鮮から届いた手紙の情報をつかんでいた。私も知っていた。が、神戸の有本家を訪ねることさえしなかった。

91年の年明け、と記憶するが、週刊誌報道で北朝鮮からの手紙が公になった後も拉致と関連付けることができなかった。欧州滞在中に失踪した日本の若者3人が北朝鮮にいる、というだけで、小さくはないニュースだったのに、当時、取材しなかった。

こんなことがあったそうだ。

91年、有本さんの家族らは実名での記者会見を決断した。欧州で失踪した娘、息子たちが北朝鮮にいることを公表して世論を喚起し、国に早期解決を促したいと願った。

メディア側の窓口になったNHK記者から会見前日、有本さんに電話が入った。

「記者会見の前に会ってほしい人がいる」

翌日、会見場に報道各社の記者たちを待たせたまま、NHK記者から、ある人物を紹介された。東京・神田のU書店店主だった。NHK記者2人が同席した場で店主が有本さんらに要請したという。

「氏名および住所を公にすると、日朝交渉にともなう水面下の努力が水泡に帰すので、やめてほしい」

「かわりに金日成（主席）の主治医につながる確かなパイプを有しているので、1、2カ月待ってもらえれば解決できる」

U書店は公安関係者なら誰でも知っていた。かつて東京には過激派の機関紙をはじめとする左翼系出版物を専門に扱う書店が2つあり、Uは、その1つだった。ここでしか手に入らない〝地下刊行物〟などもあったので、報道各社の公安担当記者は定期的に店先をのぞいた。私も公安・警備担当をやった2年間に数十回は通った。

店主は「日本赤軍にもパイプを持つ」といわれていた人物で、その世界では有名人だったが、有本さん夫妻が知るはずもなかった。

家族たちは店主の要請に同意せざるを得なかった。

名前も名乗らない会見にメディア側から「何のための会見だ」と怒声、罵声が飛んだという。結局、まともに報道されることもなく、家族たちの目的は頓挫した。その後も店主は「自分たちが今動いているから、いずれは帰国できるようにします」などと話したが、間もなく音信が途絶えたという。

この日の奇妙な「会見」を機に、有本さん夫妻には強いNHK不信が生まれてしまった。「結果的に娘の事件は長く隠蔽され、家族が強いられた心労は筆舌に尽くしがたいものでありました」

NHKと店主による発表潰しと受け止めた有本さん夫妻の怒りは収まらず、明弘さんは10年後の2001年になってNHKに質問状を出したほどだった。

恵子さんについては、90年代前半、何度か訪朝を繰り返していた日本のフリージャーナリストと、平壌にいた日航機「よど号」乗っ取り犯グループのリーダー、田宮高麿容疑者との間で、帰国をめぐるひそかな「やり取り」があったとされるが、具体的な動きはなかった。

95年11月、前日まで元気だった田宮容疑者の「心臓まひ」による急死で、このパイプは切れたといわれている。

1枚の写真

「突然で恐縮です。見ていただきたいものがありまして……」

欧州滞在中に失踪した3人の日本の若者（有本恵子さん、石岡亨さん、松木薫さん）が北朝鮮にいる、ということ自体が、まだ世間にほとんど知られていなかった93年ごろのことだった。兵庫県警の捜査員から恵子さんの両親に1枚の写真が示された。

「ここに写っているのは、お嬢さんですよね」

若い女性が男と並んでベンチに座っている。警察は写真の女性が恵子さんかどうか、確認に来たのだった。

デンマーク・コペンハーゲンのカストラップ空港待合室で欧州の治安機関員が隠し撮りした写真。撮影日は恵子さんが両親への絵はがきで〈友人と会う〉と知らせていた83年7月15日の翌日だった。

「間違いなく恵子です。横の男性はどなたですか」

父、明弘さんの質問に捜査員は「北朝鮮の工作員と思われます」と話した。

男の名は、「キム・ユーチョル」。肩書は北朝鮮の外交官でコペンハーゲンのほかベオグラード（旧ユーゴスラビア）やザグレブ（同）の大使館や領事館に勤務した経歴があるが、実態は大物工作員であることを、欧州の治安機関はつかんでいた。頭文字から「ＫＹＣ」と呼んで動向監視を続けていた。

「ウツノミヤ・オサム」などいくつかの日本名を持ち、流暢に日本語を話し、カラオケで日本の演歌を熱唱していたともいう。

恵子さんは、求められるままに自分の旅券をキム工作員に預け、用意された北朝鮮政府発行の旅券でデンマークから出国したという。治安機関にはＫＹＣの隣にいる女性（恵子さん）の身元が分からなかった。

「一体、誰なんだ」

欧州の治安機関から日本の警察へ、撮影から10年もかかって両親に提示された写真だった。なぜ、北朝鮮工作員と一緒にいるのか。石岡亨さんのポーランド消印の手紙にあった〈事情あって〉の事情が、おぼろげに見えてきた。

事態は大きく動いたのだ。有本さん夫妻は再度、報道各社に記者会見を要請したが、記者たちを集めておきながら住所、氏名さえ明かさなかった〝前歴〟もあってか、取り合ってもらえなかったそうだ。

ポーランド経由の手紙が届いた88年、デンマークでの写真が両親に示された93年。ともに拉致報道の「第2氷河期」のただ中だった。

アベック拉致疑惑の存在を認めた「梶山答弁」はメディアに無視され、横田めぐみさん拉致疑惑は、まだ発覚していない。新聞、テレビの関心が拉致に向かうことはなく、国内の拉致すら、まだ社会に認知されていない時期だった。

拉致されて間もなく、ギリシャから恵子さん名の国際電報が実家に届いた。〈キコク　オクレル〉。偽装と分かるのは後のことだ。突然の手紙と1枚の写真がなければ、よど号グループによる欧州ルートの拉致は闇に葬られていた可能性があった。

娘は拉致された。そう確信していた有本さん夫妻は97年春の拉致被害者家族会の結成メンバーに加わった。当時、欧州ルートの拉致疑惑は他の被害者家族たちさえ、よく知らなかった。

私はポーランド消印で届いた手紙の件を取材せず、ずっと放置してきた自責の念もあって、夫妻と言葉を交わすのがつらかった。

曲折を経て有本さん夫妻らの孤立した闘いがやっと終わった。家族会の一員としての東奔西走が始まったが、思いもよらない急展開が訪れるのは、それから5年後、２００２年春のことだった。

よど号

ここで時計の針を戻さないと、有本恵子さん拉致の話が続かない。

私が新聞記者になる前だった。

１９７０年3月31日、共産主義者同盟（共産同）赤軍派による羽田空港発板付空港（現福岡空港）行き日航機３５１便（愛称「よど号」）乗っ取り事件が起きた。

社会主義国に武装根拠地を建設し支援を受けるという戦術論「国際根拠地建設論」に基づき、北朝鮮で訓練を積んで日本へ戻り、革命を起こす――悪い冗談のような事件だった。

人質の乗客・乗員129人の中に、2017年夏、105歳で大往生された聖路加国際病院名誉院長の日野原重明氏がいたことは、よく知られている。

北朝鮮に渡ったリーダー、田宮高麿容疑者以下9人の「よど号犯」のうち8人が1977年までに日本人女性と結婚したのは、金日成主席の指示だったとされる。その日本人妻の一人が、八尾恵・元スナック店主だった。北朝鮮の指導原理である主体（チュチェ）思想に共鳴して77年に日本を出国。途中、マカオで北朝鮮大使館員から渡された北朝鮮公民パスポートで平壌へ。結婚し、「日本革命村」で暮らした。

八尾元店主は80年代に「ヨーロッパで活動」をした後、84年夏、革命のために日本へ「出張」して防衛大学校生らを集めるよう、田宮容疑者から命令を受けた。87年に娘2人を革命村に残して日本に帰国し、表向きは神奈川県横須賀市でスナック「夢見波」を経営していた。

88年に住民票への偽名記載が発覚し、公正証書原本不実記載・同行使の微罪で逮捕された八尾元店主について、産経をはじめ新聞各社は《北朝鮮の工作員か》《よど号グループのメンバーか》と報じた。

欧州の公安機関は外交官の肩書を隠れみのに欧州で暗躍していた北朝鮮のキム・ユーチョル工作員を監視中、彼が何人かの日本人と接触したことをつかんだ。その一人が八尾元店主だった。工作員との接触情報は日本の公安当局に伝えられ、新聞各社もその情報を把握した。

日本帰国後の逮捕を想定し、「北朝鮮に行ったこと」「よど号グループと関係があること」の2点だけは絶対に黙秘すると組織で決められていた。八尾元店主は、その通りにした。工作員ではないか、という当局の追及にはしらを切り続けた。

結局、罰金5万円で略式起訴され、釈放された八尾元店主は報道各社を名誉毀損《きそん》で片っ端から訴えた。著書『謝罪します』（文芸春秋社刊）によれば、14件の訴訟を起こした。支援グループもできた。

産経の場合、95年7月、横浜地裁は「報道により原告が北朝鮮の工作員であって組織的な工作活動を行っていたとの印象を与え、原告の名誉を著しく毀損する」として110万円の慰謝料支払いを命じられた。同年10月、控訴した東京高裁で産経側が紙面に「おわび」を掲載し、八尾元店主が請求を放棄することで和解した。

私は社会部を離れていた時期だったが、苦々しい思いをしたことを鮮明に覚えている。朝日、読売も同様に和解し、毎日と共同通信は最高裁まで争って勝訴した。

後述するように報道から10年以上もたって、事実は各紙の報道どおり、いや報道以上だったことが、本人の口から明かされたのだ。

メディアにはたとえ裁判で負ける可能性があっても報道すべき時がある。そんな教訓を残したように思う。こんな例はめったにないし、あっても困るが、それにしても、あの裁判、判決は一体何だったのだろうか……。

話が脇道にそれた。

平壌に残してきた子供の帰国などをめぐって北朝鮮にいるよど号グループと仲たがいしたり、八尾元店主の話に嘘が交じることを知った支援者たちが次々に離反したりしていた2001年、警視庁公安部の事情聴取に応じた八尾元店主は、単に「よど号犯」の妻だったことだけでなく、自ら恵子さん拉致にかかわった、と供述を始めた。

02年3月2日、有本夫妻と面会した八尾元店主は土下座して謝ったという。

「どうもすみませんでした。私が恵子さんを誘拐しました。本当にご迷惑をおかけしました。申し訳ありません」

本人の供述はあっても、立件に必要な証拠が足りず、八尾元店主が拉致について罪に問われることはなかった。

八尾証言

「よど号犯」の元妻、八尾恵・元スナック店主が、帰国した別のよど号犯の妻の公判に証人として出廷する前日の02年3月11日、警視庁は有本恵子さん失踪事件捜査本部を設置した。

翌12日朝刊各紙の1面トップの見出しを並べる。

《「北朝鮮に拉致した」 昭和58年失跡の有本恵子さん 「よど号」犯元妻が供述 警視庁、

疑惑認定》産経

《「有本さん　北朝鮮に拉致」　欧州で83年　「よど号」メンバー元妻供述　警視庁が捜査本部》朝日

《北朝鮮に拉致と断定　83年欧州で不明の女子留学生　「よど号」元妻関与供述　警視庁、初の特捜本部》読売

拉致報道でマスメディアが、これだけ足並みそろえて大きく報じたのは初めてだと思う。

翌12日の東京地裁104号法廷。傍聴席には恵子さんの両親、明弘さん、嘉代子さん夫妻の姿もあった。証言台の八尾元店主は以下のように恵子さん拉致の全容を明かした。

1977年5月14日。日本革命村に来た金日成主席から「代を継いで革命を行え」との教示を受けた、とグループリーダーの田宮高麿容疑者から聞いた。よど号グループが結婚して子供を産み、将来は日本で革命を起こせという内容だった。金主席は同時に「革命の中核となる日本人を発掘、獲得しなければならない」と教示した、という。

子供を産んだ妻たちに任務が与えられ、欧州などに行くようになったのは78年ごろからだった。よど号グループだけでできることではなかった。北朝鮮側の日本人獲得担当はキム・ユーチョル工作員らで、よど号グループを手伝った。

八尾元店主がキム工作員と最初に会ったのは77年春、肩書は朝鮮労働党対外連絡部「56課」の副部長と聞いたという。

八尾元店主は日本へ戻る直前の83年末まで4年余り欧州で活動を続けた。この間、83年1

月、日本革命村の田宮容疑者の執務室に呼ばれて任務を与えられた。

「ロンドン（英国）に行って日本人の若い女性を獲得してほしい。25歳までの女性。何人でもいい」

同年5月、ザグレブ（旧ユーゴスラビア）に呼び戻され、前線基地にいた田宮容疑者に「一人でできるか」と聞かれ、「できます」と答えた。

間もなく、ロンドンの語学学校で日本人女性と知り合った。それが、恵子さんだった。思想的に無色、正直、義理堅い、素直――事前に田宮容疑者から告げられていた条件にぴったりだった。借りていたアパートに招いて安心させたりした。

頃合いを見計らって誘った。

「いい市場調査のアルバイトがある。一緒にやろう」

「面白そう。やってみたいな」

その結果をテレックスで平壌の田宮容疑者に伝え、恵子さん「獲得」の了承を得た。ザグレブの前線基地にいた、よど号犯の一人、安部（現・魚本）公博容疑者（国際手配中）にも「いい人が獲得できそう」と電話連絡した。

安部容疑者はアルバイト募集をしている貿易会社の社長に、キム・ユーチョル工作員は北朝鮮の産物を売る仕事をしている人にそれぞれふんして恵子さんをだます打ち合わせをした。

7月15日。恵子さんが日本の両親へ、友達に会う、と伝えていた日だ。待ち合わせたデンマーク・コペンハーゲンの中華レストランに来た恵子さんに、安部容疑者が切り出した。

「北朝鮮での市場調査は、滞在費や食費はタダ。日本と違って社会主義の国だから面白いよ。見学や勉強をしてきたら」

自分も初めて聞くようなふりをしていた八尾元店主は、とぼけて「面白そう。行ってみようか」。恵子さんは「(八尾元店主が)一緒に来てくれるならいいかな」。すると安部容疑者が八尾元店主に言った。

「別の仕事があるから、(あなたは)後から(北朝鮮へ)行ってもらいたい」

八尾元店主を疑わなかった恵子さんは、「かならず後から来てくれるなら」と翌16日、キム・ユーチョル工作員と北朝鮮への経由地モスクワへ飛び立った。前述した、93年ごろになって警察から両親に示された1枚の写真は、この時、欧州の治安機関が空港待合室での2人を隠し撮りしたものだった。2人を見送った八尾元店主は、別の日本人を「発掘」するためロンドンへ戻った。

国会決議

有本恵子さんは自分の不注意で拉致されたのではない。法廷で明らかになった「八尾証言」のような手の込んだ芝居をされたら、いかに用心深く、初対面の人には警戒を怠らなかった恵子さんでも、見抜くのは困難だったろう。

異国の語学学校で知り合った親切な日本人女性が、実は工作員だ、と誰が思うだろうか。

実行犯本人が偽証罪に問われかねない法廷で、証人として拉致を赤裸々に告白した。今度は北朝鮮からの亡命工作員の話ではない。韓国の法廷での話でもない。警視庁も捜査本部を設置して発表した。信憑性に疑問を挟むメディアは、さすがになかった。

これは北朝鮮ではなく、日本人による日本人拉致ではないか、という指摘も一部にあったが、「よど号犯」グループと北朝鮮が一体となった計画的な犯行であることは、「八尾証言」からも明らかだった。

警察庁は即座に恵子さんを8件目、11人目の拉致被害者と認定した。松木薫さん、石岡亨さんについても、スペイン・マドリードで2人に近づき、だまして北朝鮮へ連れていったのは八尾元店主とは別の「よど号犯」の妻、森順子《よりこ》と若林（旧姓・黒田）佐喜子の両容疑者（国際手配中）であることが、バルセロナの動物園で撮影された写真などから判明し、後に追加認定された。

八尾元店主が法廷証言した2002年3月12日夜、小泉純一郎首相は記者団に、こう話した。

「ご家族の気持ちを思うと実にひどい事件だ。拉致問題をいいかげんにして北朝鮮との国交正常化はありえない。きちんと取り上げていく。拉致問題を棚上げして正常化交渉はありえない」

最初の産経の拉致疑惑報道（1980年）から22年。日本の歴代首相が、これほど強い言葉で北朝鮮の拉致に言及したことはなかった。政府が、やっと本気になった、と感じた。

拉致についての世論が、ようやく生まれた。北朝鮮への毅然《きぜん》とした対応を求める国民の声が沸き上がった。

「たった10人のことで国交正常化交渉が止まっていいのか」といった意見は政治家の間からも、メディアからも鳴りを潜めた。拉致に触れる時には「本当ならば」「事実とするならば」と懐疑的な前置きをつけた社説を掲載してきた、あるいは、たとえ拉致があったとしても、としてきた一部新聞の論調は消えていった。

それまで産経の拉致報道に敏感に反応してきた北朝鮮だったが、今度ばかりは状況が違う。沈黙した。ラヂオプレスは、こう伝えている。

「北朝鮮の朝鮮中央放送と平壌放送は英国留学中の昭和58年に失踪した有本恵子さんが北朝鮮に拉致された疑いがあると認定されたことについて、12日午後6時現在、何も触れていない」

その後も、反論らしい反論は見当たらない。

平壌にいる「よど号犯」メンバーの一人は日本メディアの国際電話インタビューに「有本さんと会ったことも拉致したこともない」と「八尾証言」を全面否定したというが、いかに北朝鮮寄りの人でも、もう、拉致はでっち上げ、というわけにはいかなくなった。

4月11日、衆院本会議は全会一致で日本人拉致疑惑の早期解決を求める決議を採択した。拉致関連の国会決議は、これが初めてだった。

《朝鮮民主主義人民共和国（北朝鮮）による最初の日本人拉致疑惑発生から長い年月が経過

した。さらに、最近、わが国の裁判所において証言がなされ、疑惑の詳細が明らかになりつつある。（中略）拉致疑惑は、国家主権ならびに基本的人権・人道にも関わるきわめて重大な問題である。（中略）政府は、わが国と北朝鮮の国交正常化に向けた話し合いの中で、国民の生命・財産を守ることが国家としての基本的な義務であることに思いを至し、毅然たる態度により拉致疑惑の早期解決に取り組むべきである。右決議する》

翌日、参院でも同様の決議が採択された。

このころ、歴史的な日朝首脳会談へ向け、詰めの水面下交渉が極秘で進められていた——。

不破発言

国家間の外交交渉は時に国民にもメディアにも内密に行われる。事の性質上、当然だろう。「拉致は避けては通れない」「交渉で議論すべきではない」

拉致をめぐって行き詰まった日朝国交正常化交渉が中断していた01年の晩秋、とされる。中国の北京、大連などで両政府間の水面下交渉が始まっていた。

翌年、北朝鮮の日本への対応に変化の兆しが表れた。02年2月、スパイ容疑で2年間拘留していた元日経新聞記者を解放し、「八尾証言」のあった3月には朝鮮赤十字会が手のひらを返して行方不明者の調査再開を発表した。そして、8月の小泉純一郎首相の電撃訪朝発表へと続くのだが、その前に、どうしても書いておかなければならないことがある。

拉致問題に取り組み続けてきた共産党議員秘書、兵本達吉氏が1998年夏の定年退職直前、共産党を除名されたのだった。

このころ共産党の北朝鮮、拉致に対する姿勢は方向転換した、と私は思う。以下、事実だけを書く。

2000年10月25日の森喜朗首相との党首討論で、不破哲三委員長は拉致について「『疑いがある』段階から出ていないんです」とした。01年1月の党機関紙「しんぶん赤旗」日曜版にはこの討論を受けて、緒方靖夫国際局長との対談が載っている。

「不破発言」から引用する。

「いわゆる拉致問題の宣伝だけ聞いていると、百パーセント証明ずみの明白な事実があるのに、相手側はそれを認めようとしない、日本政府も弱腰で主張しきれない、そこが問題だ、と言った議論になりやすいのですが、実態はそうじゃないんですね」「（党首討論の）翌朝訪ねてきて、『私はあれで目からウロコが落ちました。拉致は証明ずみの事実と思いこんでいたけど、そうじゃなかったんですね』と言ってくる記者もいましたので、心づよく思いましたよ」

ウロコが落ちたのは、どこの新聞社の記者なのだろうか。

「緒方発言」も紹介する。

「不破さんの〝勇気ある〟提起によって、拉致問題を冷静な議論にひきもどした、という歓迎の声はかなり広く聞かれます。与党の中枢的な部分の人たちでも、拉致問題を既成事実のようにして振り上げたこぶしをどう降ろすか、どうソフト・ランディング（軟着陸）させるかが、大問題だと言っていた人もいましたからね」

「（あるマスコミの人が）不破さんの提起を契機に、マスコミも角度を変えたというのです。疑惑の根拠に点検の目をむけようという記事をのせた週刊誌も出てきましたし、拉致問題について『主権侵害の問題として提起するよりは、国内の刑法違反の問題としてまず追及すべきじゃないか』と書く社説も登場しました」

かつて友好関係にあった朝鮮労働党と、1983年以降、断絶していた共産党だが、2000年の党大会には朝鮮総連幹部を来賓として招き（在日本大韓民国民団幹部も）、翌01年の朝鮮総連全体大会には志位和夫委員長が共産党としては18年ぶりに出席している。88年に出され、97年には産経が詳報していた辛光洙容疑者の判決文などで、朝鮮総連活動家の拉致への関与は、とうに濃厚だったが、そうした拉致疑惑真っただ中で関係が修復されたのだった。

「この問題については、いろいろなケースがありますが、疑惑の段階なのです」

2002年9月に収録、放映されたCSテレビ「朝日ニュースター」で、朝日新聞政治部記者のインタビューに答えた志位委員長の発言だ。

「朝鮮労働党との関係も（朝鮮総連と）同じ方式で解決をはかることができる性格の問題」とも発言している。

9月17日の小泉訪朝直前である。拉致で何か進展があるのではないか、日本中が目をこらしていた時期でもある。
《家族ら強い期待》《拉致問題進展の可能性》といった見出しが各紙にあった。

政党

兵本達吉氏が党を除名される以前の共産党議員の拉致に関する国会質問と、「疑いがある段階から出ていない」「疑惑の段階」という「不破発言」「志位発言」とを比較してみる。
《この問題が北朝鮮工作グループの犯行だという疑いがぬぐい切れないわけですけれども、そうだといたしますと、重大な人権侵犯、犯罪行為であると同時に、我が国の主権に対する明白な侵害の疑いが出てまいるわけですね。主権国家として断固たる措置を将来とらなくてはならぬ、これは当然だと思います》
88年、幻の梶山答弁を引き出した際の共産党の橋本敦議員の質問の一節だ。97年11月13日の参院法務委員会で橋本氏は再び発言している。
《単なる疑惑と言うどころか、例えば、久米裕さんの事件（注・宇出津事件）については、（中略）朝鮮人（注・工作員R）が逮捕されて明白に自白をしているという事実も報道されている。一方、原敕晁さんの事件（注・辛光洙事件）は、韓国の裁判所が判決文に拉致の詳細を記録して、事実と認定しているということもある。したがって、でっち上げ事件だということは、私は日本の主権を守る上からいってもこれは到底許されない言い方だと、こう思っ

ています》

98年3月の衆院法務委員会では同じく共産党の木島日出夫議員が従来の主張を繰り返している。

《日本の主権にかかわる事件ですよ。日本の政府、警察庁は、北朝鮮による拉致事件だと正式に認定した。もっと毅然たる態度で臨んでほしい》

こうした発言が一般紙で報道されたことは、多分、ないが、この時点までは政党の中で共産党が最も熱心に拉致事件を国会で取り上げたことは事実だ。兵本氏が除名される前だった。

それが、朝鮮総連との関係修復が進むと、急ブレーキをかけたように、「人権・主権侵害」という言葉がなくなり、「不破発言」「志位発言」に変わった。

「志位発言」に至っては、法廷で自ら有本恵子さんを拉致したと告白した「八尾証言」の後だ。

共産党の立場変遷、兵本氏の除名との関連の判断は賢明な読者におまかせするが、兵本氏の著書『日本共産党の戦後秘史』（産経新聞出版刊、新潮文庫）で触れられている。共産党の見解はネット上にもある。

言うまでもなく疑惑という言葉は、あいまいだ。産経も紙面で時に拉致疑惑と表現したが、それは拉致があったたか、なかったか分からないというニュアンスの「疑いの段階」と同義ではない。新聞で報じるだけの強い疑いがあるということだ。次のような国会答弁も見つけた。

《私どもが北朝鮮による拉致の疑いのある事案とよんでおりますのは、北朝鮮の国家的意思が推認される形で本人の意思に反して北朝鮮に連れていかれた疑い、あるいは容疑のある事案という意味で使っているわけです。したがいまして8件11名（注・有本恵子さん拉致を加えた政府認定）の中で、既に被疑者の一部が検挙されているようなものについては事件という用語を使っております。例えばわが国あるいは韓国において被疑者が検挙されている宇出津事件とか辛光洙事件、これは事件というふうに使っております》（2002年3月28日、衆院安全保障委員会の漆間巌警察庁警備局長答弁）

終始、ぶれずにいた政党は社民党だけ、と言うのは、むろん皮肉だ。日朝首脳会談で金正日国防委員長が拉致を認めて謝罪した後も数週間、拉致創作説の論文を党のホームページに堂々と掲載し続けた。

《拉致事件が安企部（韓国安全企画部）の脚本、産経（新聞）の脚色によるデッチ上げ事件との疑惑が浮かび上がる。拉致疑惑事件は日本政府に北朝鮮への食糧援助をさせないことを狙いとして、最近になって考え出された事件なのである》

連日の批判を受けて、土井たか子党首は謝罪に追い込まれた。

公明党については、所属国会議員数人が、先に触れた辛光洙容疑者らの釈放要望書に署名したことを覚えている。

北朝鮮による日本人拉致を一貫して問題にし、世論に訴え続けた政党は一つとしてなかった。

電撃訪朝

「有本恵子さんを北朝鮮へ誘拐した」——。よど号乗っ取り犯の元妻、八尾恵・元スナック店主の証言をきっかけに拉致報道がせきを切ったようにあふれ出していた02年8月30日、小泉純一郎首相の訪朝が突如、発表された。日本の首相として初めて国交のない北朝鮮へ行き、金正日国防委員長と首脳会談を行う。

電撃的という表現は大仰ではなかった。会談予定内容などは発表されなかったが、拉致問題で再び暗礁に乗り上げていた国交正常化交渉の再開と、拉致問題の打開をセットにした会談になるだろう、との観測が一般的だった。「拉致問題の解決なくして国交正常化はありえない」と繰り返していた小泉首相の訪朝に国民の期待が膨らんだ。

9月17日の首脳会談前夜、元共産党議員秘書、兵本達吉氏と電話で話をした。1998年に共産党を除名された兵本氏は、その後「救う会（北朝鮮に拉致された日本人を救うための全国協議会）」の活動に加わっていた。私は、サンケイスポーツ編集局に異動していた。その夜のやり取りについて、兵本氏は当時、週刊誌のインタビューで語っている。

「（阿部との電話で）もうそろそろ拉致問題から足を洗わせてもらおう、日本の首相自らが北朝鮮の金正日のところへ拉致した人の返還交渉をしに行くような時代なんだから、我々の出る幕ではない。我々は十分役割を果たしたんじゃないか、だからこの問題からは撤退させてもらおうと話したんですよ」

小泉訪朝の評価は大きく分かれる。

曲がりなりにも北朝鮮に拉致を認めさせ、謝罪させたうえで被害者5人を日本へ取り戻すに至ったのだから成功という人がいる。いや、交渉のハードルを低くして包括的な解決を遠のかせた北朝鮮ペースの会談は失敗だったという人もいる。

それぞれに理があるように思うが、もし小泉訪朝がなければ、果たして今より良い結果に至っていただろうか。膠着状態を打破できる政治家が現れただろうか。

とても満足いく成果ではなかったが、拉致が日本社会に認知さえされず、メディアや政治からも疎外されてきた長い歳月を知る者としては、それなりの評価をせざるを得ない。

ただし、疑問も抱いた。時には出たとこ勝負のような首脳会談もあるのだろうが、それにしても1年近くの水面下交渉に加えて訪朝発表から20日間近い準備期間がありながら、なぜ、次のような顛末《てんまつ》になるのか。

9月17日、小泉首相一行7人は平壌国際空港から首脳会談が行われる百花園迎賓館へ向かった。日本からは、先乗り、同行合わせ100人超の取材団が訪朝していた。

会談に先立つ事務レベル折衝で日本側が予期していなかったことが起きた。拉致被害者14人の安否情報が、北朝鮮側から示されたのだった。

「5人生存、8人死亡、1人入国なし」

生存の5人とは蓮池薫さん▽奥土（現・蓮池）祐木子さん（以上新潟事件）▽地村保志さ

ん▽浜本（現・地村）富貴恵さん（以上福井事件）の2組のアベックと、日本側の被害者リストになかった新潟・佐渡島の曽我ひとみさんだった。

「死亡」とされた8人は市川修一さん▽増元るみ子さん（以上鹿児島事件）▽横田めぐみさん▽原敕晁さん（辛光洙事件）▽田口八重子さん▽有本恵子さんと、政府が未認定だった欧州ルートの石岡亨さん▽松木薫さんだった。

宇出津事件の久米裕さんは、「入国なし」とされていた。

事前交渉で日本側は「拉致は避けて通れない」という原則と、当時、政府が被害者認定していた8件11人の安否を完全に日本側に通知しなければならない、と繰り返し主張したという。水面下交渉の日本側責任者だった外務省の田中均アジア大洋州局長は首脳会談の際に何らかの安否情報がもたらされるのでは、と予測はしていたと後に語っている。ただし「8人死亡」は全くの想定外で、「一瞬頭が真っ白になった。衝撃が大きかった」と述懐している。

小泉訪朝の裏側に関しては、さまざまな臆測、詮索があるが、どこまでが本当なのか。今も闇の中だ。関係者は墓場まで持っていくつもりなのだろう。

謝罪

事務レベル折衝で、拉致被害者「8人死亡」通告を受けた日本側は色をなした。

「きちんと説明してくれ！」

控室で待機中に報告を受けた小泉純一郎首相は、しばし沈黙して、つぶやいた。

「どういうことなんだ」

寝耳に水だった。間もなく始まった首脳会談の冒頭、小泉首相は金正日国防委員長に迫ったという。

「日本国民の利益と安全に責任を持つ者として（8人死亡は）非常にショックだ。強く抗議する。家族の気持ちを思うといいたたまれない」

金国防委員長は特段の反応は示さなかった。

「午後の部分で言います」

昼の休憩に入った。北朝鮮側は一緒に昼食を、と提案したが、日本側は断り、持参したおにぎりを食べた。

「拉致したという白状、謝罪がない限り、平壌宣言の調印は考え直すべきだ。拉致を認めなければ、席を立って帰国しましょう」

安倍晋三官房副長官の意見に小泉首相も賛同し、日本側の方針が決まった。

これは裏を返せば、安否情報に加えて、拉致を認めて謝罪さえすれば、宣言に調印する、ということでもあった。

控室の北朝鮮による盗聴を警戒し、大事なことは筆談する打ち合わせになっていたが、安倍副長官は、あえて声に出したという。これが北朝鮮側にどう伝わったのか。

午後に再開された首脳会談で金国防委員長が切り出した。

「拉致問題について説明したい」

拉致という言葉を初めて使った。

「遺憾なことであったことを率直におわびしたい」

拉致は「あり得ない」「でっち上げ」「捏造」と幾度となく繰り返してきた北朝鮮のトップが、いきなり、事実と認め、謝罪したのだった。

「特殊機関の一部が盲動主義、英雄主義に走って行ってきた。一つは特殊機関で日本語の学習ができるようにするため、もう一つは人の身分を利用して南（韓国）に入るため」

犯行動機までサラリと明かした。

これで日本側が平壌宣言に調印しない理由がなくなってしまった。にわかに用意したハードルは軽々と越えられ、宣言は調印された。

私が仰天したのは北朝鮮が示した拉致被害者14人の安否リストに、22年前に書いた3組のアベックや5年前に書いた横田めぐみさんの名前が含まれていたことではなかった。

「8人死亡」であり、北朝鮮が拉致を認めたこと自体だった。自らの国家犯罪を認めるなどということはない。ずっと、そう考えていたからだ。ただ、調印された平壌宣言を読むと、拉致を認めた理由らしきものは見えてくる。

10月中の国交正常化交渉再開、日本の過去の植民地支配への痛切な反省と心からのおわび表明に続き、合意事項に、こうある。

《日本は国交正常化の後、双方が適切と考える期間にわたり、無償資金協力、低金利の長期

借款供与等の経済協力を実施する。その具体的な規模と内容を誠実に協議する》

前述した、工作員による犯行が明白なラングーン事件や大韓航空機爆破事件への関与を認めても北朝鮮には何の利も益もないが、拉致は違う。認めて謝罪すれば、平壌宣言に沿って遠からず国交正常化が実現し、代償として巨利が得られる。

非公式折衝で北朝鮮が日本側に植民地支配などに対する「補償」として要求した金額は130億ドル（当時の換算で1兆5600億円）と、産経は報じた。

宣言のどこにも拉致の「ら」の字はない。《日本国民の生命と安全にかかわる懸案問題が再び起こらないようにする》との一項に含まれる、というのが日本政府の見解だった。下交渉での〝詰め〟が、どう行われたのか、疑問は残る。

ニュース速報が流れ始めた夕刻から日本中が騒然となった。東京の街角では人々が新聞の号外を奪い合った。

国民の関心が集中したのは平壌宣言の中身でも、国交正常化交渉の再開合意でもなかった。「8人死亡」だった。

断定

02年9月17日は長い一日だった。「9・17（キュー・イチ・ナナ）」。拉致担当記者たちは、そう呼ぶ。

朝。雨の中、2100人もの人々が集まって催された前日の緊急国民集会の余韻が、被害者家族たちには残っていた。

《小泉総理の訪朝はいよいよ明日に迫った。私たちはこの訪朝によって政府発表の8件11人を含む全拉致被害者の原状回復が実現することを強く期待し——》(集会のアピール文から)

午前中には有本恵子さん生存情報が流れ、期待が膨らんだ。皆、吉報を待った。吉報だけを持った。

そのころ、平壌では「5人生存、8人死亡」の思いもよらぬ安否リストが日本側に示されていた。平壌で取材をしていた中村将記者によると、記者団に「8人死亡」情報が伝わったのは、夕方、外務省のブリーフィング(簡単な状況説明)の場だったという。

日本では午後になって事態が動き出していた。3時過ぎ、家族たちは政府が用意したバスで東京・麻布の外務省・飯倉公館へ向かった。ホールで待った。まだ「8人死亡」は伝わっていない。

一家族ずつ別室に呼ばれた。最初は横田家だった。滋さん、早紀江さん夫妻と、めぐみさんの双子の弟に、植竹繁雄外務副大臣が「宣告」した。

「残念ですが、娘さんは亡くなっておられます」

北朝鮮側の説明を「情報」としてではなく、確認した「事実」であるかのように伝えた。夢にも思わない「悲報」だった。

午後5時すぎ、「5人生存、8人死亡」のニュース速報が流れ始めたが、生存を伝えられた被害者4人（注・曽我ひとみさんの氏名は未公表だった）の家族たちが喜びの表情を見せることはなかった。

「何もうれしいことはない」（浜本富貴恵さんの兄、雄幸さん）

「『死亡』とは信じていないが、仮に死んでいるとすれば、それは殺人だと思っている」（蓮池薫さんの兄、透さん）

「（会談が）10年早ければ全員が生存していたのでは」（奥土祐木子さんの父、一男さん）

劇団「夜想会」の舞台劇「めぐみへの誓い―奪還―」の記録映像を見る機会が、最近あった。主宰者の野伏翔氏によれば、拉致被害者家族らから綿密に取材して脚本を書きあげたそうだ。「9・17」の飯倉公館ホールの場面。「8人死亡」を知って騒然となった家族たちの誰かのセリフにドキッとした。

産経の阿部に電話をかけて「8人死亡」を知らせるよう促したのだ。

飯倉公館から電話がかかった記憶はないが、その時刻、私は勤務先のサンケイスポーツ編集局で原稿を書き始めていた。できることは、それしかなかった。吉報を前提に予定していた原稿は使えない。「8人死亡」情報にいたたまれずに書いた署名記事が翌18日付の産経朝刊にある。拙文だが、一部を再掲させていただく。

「こんなに残酷、非情な『結末』があっていいものだろうか。拉致された息子、娘は、彼《か》の地で生きている――そう望みを抱き、身を粉にして政府に、世論に救出を訴え続けてきた家族たちの心情を思う時、言葉もない」

「歴史的な日の前夜（16日）、同席させていただいた食事会でも、家族の方々は朗報を疑わなかった。昭和54年秋、最初に取材でお会いしてから四半世紀、『生きていますよ』と励ましてきた記者（注・阿部）は、いま、家族の方々を正視できない」

「（拉致を）放置し、時に邪魔物扱いさえしてきた政府、政治の責任は軽くない。拉致の被害者は、日本の国家主権意識の希薄さの犠牲者であるように思えてならない」

18日付朝刊紙面。産経、読売、朝日、毎日——全紙の1面から内政面、外報（国際）面、社会面、社説、コラムまで拉致、北朝鮮で埋まっている。四十余年の記者生活で、こんな紙面は、あまり見たことがない。「9・17」がどんな日だったか、改めて実感できる。機会あれば、ご覧いただきたい。

事態は、まだ十分に把握されていなかった。新聞全紙、テレビ全局が政府、北朝鮮の説明通り、「8人死亡」を断定して報じた。

潮目

日朝首脳会談で金正日国防委員長が認めたことで、北朝鮮による日本人拉致は動かぬ事実となった。社民党は別として、もう誰も否定のしようがない。あったか、なかったか、神学論争のような議論は何の意味も持たなくなった。

多くの国民が「8人死亡」で受けた衝撃とはまったく異質なショックを受けて頭を抱えた

人たちが、日本社会には少なからずいた。言うまでもない。拉致を産経などによる「捏造」「でっち上げ」としてきた人たちであり、「確証がない」「疑惑の段階にすぎない」と北朝鮮寄りともとれる発言、論調を続けてきた政治家、文化人、学者、そして一部マスメディアだった。

あるいは、どう転んでも北朝鮮が認めるはずなどないのだから、どうせウヤムヤのうちに終止符が打たれる、とたかをくくっていた人たちだった。

いきなりはしごを外された思いだったに違いない。北朝鮮の度重なる強い否定と、確証がないということが、彼ら、彼女らの支えだった。

それが、一瞬にしてなくなってしまった。具体例は控えるが、ある人は口をつぐみ、ある人は前言を翻し、ある人は前言さえ忘れてしまったかのように豹変《ひょうへん》した。

対照的に、自分は20年も前から北朝鮮の拉致を確信していた、などと声高にうそぶく人たちも現れた。

祖国を信じ、拉致を捏造と主張してきた朝鮮総連や在日朝鮮人社会にも動揺が広がった。最盛期会員50万人といわれた朝鮮総連だったが、在日本大韓民国民団（民団）へ移る人たちが次第に増えていたところへ拉致問題が拍車をかけた。

公安調査庁によれば２０１６年時点での会員数は「おおむね7万人」。激減だ。現在の人数は分からない。

それにしても――。

政府が認定しているだけでも11人（注・「9・17」時点）の日本人をさらっていった国家犯罪が、その国のトップが認めることによってしか、被害国の社会で事実とされない。

「1980年以来の産経の報道は事実、と〝証明〟してくれたのは金正日――」

まるで真犯人の出現で嫌疑が晴れた容疑者にも似た妙な心境だった私の、品を欠く思いだった。

拉致問題の解決より国交正常化を優先した外務官僚の中には、平壌宣言調印で2002年度内にも正常化実現という楽観的なシナリオを描く向きもあったという。外務官僚にとって北朝鮮との国交正常化は、偉業として外交史に名を残す栄誉だ。北朝鮮側も、これで日本から巨額の無償資金が来る、と期待したに違いない。

両者とも日本の世論動向を読み誤った。

爆発などという表現は使いたくないが、「8人死亡」によって北朝鮮に対する日本国民の憤りが文字通り、爆発した。事実となった人権侵害、主権侵害の国家犯罪への怒りはもちろんとして、まだ当時ほとんど20～30代の男女8人が水難事故、交通事故、病気などで相次いで死亡したという、著しく説得力を欠く北朝鮮側の説明には多くの不自然な点がすぐに次々と見つかり、火に油を注いだ。

国交正常化どころの話ではなくなった。

潮目は完全に変わった。

マスメディアも舵《かじ》を切った。象徴的だったのは北朝鮮の国名呼称だった。日本の新聞は北朝鮮側の要請もあり、従来、北朝鮮を「朝鮮民主主義人民共和国（北朝鮮）」と表記し、テレビは「北朝鮮、朝鮮民主主義人民共和国」とアナウンスしてきた。

産経は横田めぐみさん拉致疑惑発覚前の１９９６年から原則「北朝鮮」と単独呼称に切り替えた。読売も99年、そうした。テレビの中ではフジテレビだけが早くから「北朝鮮」としてきた。

朝日、ＮＨＫをはじめとする他の主要メディアが相次いで原則「北朝鮮」と替えたのは、小泉訪朝、拉致被害者５人帰国の２００２年秋以降だった。ただし「民主主義人民共和国という、実態にそぐわない呼称は読者、視聴者の抵抗が強い」などとは言わない。「北朝鮮という呼び方が定着したうえ、記事簡略化も図れることから」（02年12月28日付朝日社告）だった。

蓮池家再訪

02年の有本恵子さん拉致発覚、小泉訪朝を境にマスメディアは、それまでの「不報」の穴を埋めるかのような大量の北朝鮮報道を始めた。先の内閣府「外交に関する世論調査」によると、北朝鮮への関心事項（複数回答）のうち00年に68・6％だった拉致問題は03年10月調査では90・１％に跳ね上がっている。

曲折はあったが、02年10月15日、蓮池薫さん▽奥土（現・蓮池）祐木子さん▽地村保志さん▽浜本（現・地村）富貴恵さん▽曽我ひとみさん――の生存者5人が羽田空港で政府チャーター機のタラップを下り、ほぼ四半世紀ぶりに故国の土を踏んで家族と再会を果たした。

あの日、あの時、どこで何をしていたのか。そう問われたことが幾度かあった。サンケイスポーツ編集局で普段通り仕事をしていた。むろん5人の帰国は喜ばしかったが、帰らぬ人たちを思えば、ひどく酷な光景にも思えた。家族会の蓮池透事務局長（当時）にお願いをした、と当時のメモにある。帰る人、帰らぬ人、その違いで家族会に亀裂が生じることがないように――。余計なお世話かもしれなかった。

帰国した被害者に会いたい、と思ったことが一度だけあった。私はすでに「紙」を離れて産経のデジタル部門を分社化する仕事に就いていた。1979年冬に3組目のアベック拉致を探し歩いて、ようやくたどり着いた新潟県柏崎市の蓮池家の前まで出かけた。蓮池薫さんを訪ねようとしたのだが、思い直してUターンした。

海岸でデート中、いきなり襲われ、袋詰めにされ、沖で工作船に移され、連れ去られた北朝鮮で四半世紀を過ごす――。想像を絶する体験をしたのだ。従順である限り、北朝鮮は衣食住、それなりに扱っただろうことは想像がつく。そうした暮らしぶりは後輩記者たちが取材し、読者に知らせてくれていた。

私が知りたいのは、北朝鮮で揺れた心のうちだったが、それが語られるには、まだ早すぎた。北朝鮮は依然として、あの北朝鮮であり、呪縛が解けて疑心暗鬼が消えるには少なくとも10年、いや15年かかるだろう。

帰国から15年がたった2017年10月、社会部の加藤達也記者の蓮池薫さんへのインタビュー記事を産経紙面で読んだ。次のような言葉は、帰国直後はもちろん、ずっと聞くことがなかった。ようやく話せるようになったのだと思う。

「なぜ日本は、われわれを取り戻してくれないのか。不安、恐怖、焦り――。精神状態は尋常ではない」「（指導者の）バッジを胸につけ、正月には忠誠の誓いを述べる。拉致された上に、彼らに強制的に従わされ、教育される。屈辱的で、つらかった」「拉致された直後は、（日本へ）帰せ、帰せ、と憤ったが、次第に怒りや反発を表面に出さなくなった」「反発したら生きていけないですよ。子供の将来のことを考えると従わざるを得なかった」

生きるため、屈辱の順応を強いられたのだ。

「（帰国から15年たった今）24年間がかろうじてつながった」

重い言葉だ。

5人の帰国から5日後、皇后陛下が誕生日に際して、宮内記者会の拉致に関する質問に次のように文書回答された。

《悲しい出来事についても触れなければなりません。小泉首相の北朝鮮訪問により、一連の拉致事件に関し、初めて真相の一部が報道され、驚きと悲しみと共に、無念さを覚えます。何故私たち皆が、自分たち共同社会の出来事として、この人々の不在をもっと強く意識し続けることができなかったかとの思いを消すことができません。今回の帰国者と家族との再会

の喜びを思うにつけ、今回帰ることのできなかった人々の家族の気持ちは察するにあまりあり、その一入《ひとしお》の淋《さみ》しさを思います》

富山、福井、鹿児島、新潟……。アベック拉致を追って、人気のない海岸を歩いた昔を思い出していた。

もし、あの時、あなたが取材に来なければ……帰国したアベックの家族から望外な言葉をいただいたこともあった。一新聞記者として井戸を掘る手伝いはしたのかもしれないが、私が飲める水はいまだ出ていない。

別人

北朝鮮の「8人死亡」の説明が矛盾、疑問だらけで著しく信憑性を欠くことが首脳会談の「9・17」から日を置かず、明らかになっていった。断定して報じたメディアは、すぐ方向転換した。

「日本政府としては、これを受け入れることはできない。被害者の死亡を裏付けるものが皆無であるが故に、生存しているという前提に立っている」（内閣官房拉致問題対策本部）

この結論に至る経緯を資料からみてみる。

02年9月、政府の拉致問題に関する事実調査チームに北朝鮮側から8人の「死亡確認書」が示された。04年11月の第3回日朝実務者協議では横田めぐみさんのものとされた「遺骨」

と「カルテ」、松木薫さんの可能性があるとされた「遺骨」、事故死したとされた田口八重子さん、松木薫さんの「交通事故記録」などが証拠として日本側に渡された。

8人の「死亡」場所は4つの道（注・地方行政区画）に散っているが、横田めぐみさんを除く7人の「死亡確認書」は同じ病院の発行で、押された印影がまったく同じだ。北朝鮮側は「9・17」直前に急遽《きゅうきょ》作成した、と認めた。

死亡を証明する真正な書類は一切存在しない。

日本では泳げなかった市川修一さんが緊急出張中に海水浴で水死、健康で既往症のなかった増元るみ子さんが心臓麻痺《まひ》……。「交通事故記録」に田口さん、松木さんの名前は記載されていない。

めぐみさんの「カルテ」の患者年齢は、めぐみさんの年齢と違っていた。本人のカルテである証明はない。死亡日は「1994年4月13日」としているが、担当医は当初、日本調査団に「93年3月13日」と説明していた。元夫、金英男《キムヨンナム》氏が横田滋さん、早紀江さん夫妻にあてた手紙（注・後に代筆と判明）にも「93年3月13日」とあった。

94年春ごろまでめぐみさんの生存が確認されている、と日本メディアで報じられると、担当医も元夫も訂正した。病院関係者の、めぐみさん「自殺」の状況説明にも不自然な点が多々あった。

決定的だったのは「遺骨」だった。日本に持ち帰ってDNA型鑑定する前に政府から骨壺を見せられた早紀江さんは、キッパリ言った。

「私は、こんなの信じません。（北朝鮮の）揺さぶりにすぎない」

２００４年12月８日、政府が公表した「国内で最高水準の研究機関による客観的で正確な」鑑定結果は「骨は別人」だった。

めぐみさんの「遺骨」の存在自体が奇妙だった。提供した元夫は、こう説明した。

――死から３年後に、村人３人とともに所属部署にも無断で病院の裏山から遺体を掘り起こして持ち帰り、火葬したうえ、保管してきた――

土葬から３年もたって、すでに再婚していた元夫が前妻の遺体を掘り起こして遺骨を保管するだろうか。不可解極まりない。

日朝間の「８人死亡」をめぐるやり取りを精査すると、北朝鮮という国の悪しき〝特性〟が改めてみえてくる。

一つ。明々白々な事実も絶対に認めない。

欧州からの「成人男女３人（有本恵子さん、石岡亨さん、松木薫さん）」拉致は認めながら、「八尾恵（元スナック店主）証言」で疑いようのない「よど号犯」グループの関与は完全否定。大韓航空機爆破事件の実行犯、金賢姫元工作員の教育係だった日本人女性「李恩恵」についても同じだ。田口八重子さん拉致を認めながら「李恩恵」の存在は絶対に認めない。

一つ。国家間の交渉の場でも平気でウソをつく。

日朝首脳会談で拉致を認めた金正日国防委員長は「関係者は、すべて処分した」と言った。その後の北朝鮮提出の「刑事事件記録」によると、拉致に関わった2人を1998年、99年に裁判にかけている。

　これは当局が98年時点で拉致の存在を知っていたことを意味するが、2002年の小泉訪朝まで日本に対して「拉致はありえない」（00年の国交正常化交渉）と強く否定し続けたことは前述した。

「8人死亡」の信憑性は限りなく低い。

潮時

「9・17」の当日、横田滋さん、早紀江さん夫妻に、もう一つ、重大なことが伝えられていた。

「娘さんは結婚して、女の子がいます」

キム・ウンギョン（注・当初はヘギョンとされたが、後に訂正）さん、15歳。元夫の金英男氏は先に書いたように、「自殺した」とされた前妻、めぐみさんの「遺骨」を提供した人物で、韓国からの拉致被害者だった。

　こんなことがあった。

　祖父母であることがDNA型鑑定で判明した横田さん夫妻へのウンギョンさんのビデオメッセージが日本に届き、メディアへ公開前に家族会で見た。詰めかけた報道陣は部屋に入れず、廊下にごった返していた。その中に私を見つけた家族会メンバーの一人が手招きした。

「あなたと兵本さん（達吉氏＝元共産党議員秘書）、石高さん（健次氏＝大阪朝日放送プロデューサー）の3人は家族会の顧問みたいなもんだから、入っていいんですよ」

親切心からであり、ありがたくは思ったが、ビデオ鑑賞後、報道陣に囲まれて困惑した。

「どなたの親族ですか」「ビデオ、どうでしたか？」

強い違和感に襲われた。個々の被害者家族との親交は別として、家族会とは距離を置こうと決めたのは、あの時だった。

メディアは拉致報道に力を入れるようになった。もう「第3氷河期」が来ることはないだろう。潮時だった。

拉致取材を通して、さまざまなドラマを見聞してきた。私以上に拉致という犯罪を憎み、被害者家族を思ってきた何人かが、心ならずも救援運動から遠ざかっていった。拉致事件が変えたのは被害者と、その家族の人生だけではなかったのだ。

欧州ルートで「よど号犯の妻たち」によって北朝鮮へ拉致された松木薫さんには将来を約束した女性がいた。失踪した松木さんの帰りを10年待った。縁談があった。泣く女性に、松木さんの姉、斉藤文代さんは諭したそうだ。

「お嫁に行ってくれた方が、薫も喜んでくれると思います。自分の幸せがなくなるかもしれないから結婚してください」

女性は嫁いで2児の母となった。

「『（主人は）薫さんが帰ってきたらお会いしたい』『お礼を言いたい』と言ってくれているので、薫さんと会わせてくれますか」

「ぜひ、会ってやってください」

この40年間、著名な方から「拉致の話を聞かせてほしい」と私に声がかかったことが一度だけある。

2017年に往生された作曲家の船村徹先生だった。上京時の定宿で2、3時間、話を聞いていただいた。先生の関心は拉致が社会的認知を受ける以前の被害者家族たちの心情にあったように記憶する。

裕福な家庭にしかテレビのなかった昭和30年代初頭、ラジオから流れる船村メロディーを聴いて育った。「別れの一本杉」「柿の木坂の家」「ご機嫌さんよ、達者かね」――。何十年たっても諳《そら》んじていた。私の話は脱線して拉致から歌謡曲へ。後日、「お宅の記者に歌謡曲の講義をされた」と先生が苦笑いしていた、と人づてに聞いて赤面した。

閑話休題。

これまでに政府認定の拉致被害者12件17人のうち15人に触れた。認定が遅かった、残る2人のことも書き留めておく。

当時29歳だった松本京子さんが拉致された鳥取県米子市和田町は伯耆《ほうき》富士《ふじ》・大山《だいせん》を望む、日本海に面した町だ。横田めぐみさん拉致の約1カ月前、1977年10月21日の夜だった。近くの編み物教室へ歩いて向かった京子さんが、松林で見知らぬ男2人と立ち話をしているのを不審に思った近所の人が声をかけた。「何をしているの?」。男たちは、近所の人にいきなり殴りかかり、顔を縫うほどのけがを負わせ、京子さんを連れて海岸の方へ逃げた。神戸市のラーメン店員、田中実さんのケースは97年、月刊「文芸春秋」で公になった。神戸市在住の張龍雲氏が自ら北朝鮮工作機関「洛東江《ナクトンガン》」のメンバーだったと告白。在日工作員2人が78年6月、当時28歳の田中さんをオーストリア・ウィーン経由で拉致したことを暴露して発覚した(注・兵庫県警は、以前から情報をつかんでいたとしている)。

朝日新聞

取材する立場の記者が取材を受けるのは妙なものだが、たとえライバルのメディアであっても、拉致に関わる取材は断ったことがなかった。

都合3回の取材を受けた朝日新聞が最も熱心だった。というより新聞は朝日しか取材依頼がなかった。話せる範囲のことは正直、正確に話した。計4、5時間はインタビューに応じたと記憶するが、3回とも、私の言葉は1行も掲載されなかった。新聞編集では、そういうこともある。

最初の2回は2002年暮れ、拉致被害者5人の帰国から間もなかった。この機会に拉致報道を1970年代まで遡《さかのぼ》って検証したい、という趣旨だった。

素晴らしい試みだが、担当した若い記者たちは自社紙面の縮刷版をめくって、先輩たちの仕事ぶりに首をひねったに違いない。

なぜ、宇出津事件（77年、久米裕さん拉致事件）の記事が「拉致」ではなく、「密出国」なのか。

なぜ、政府が初めて北朝鮮による日本人拉致疑惑の存在を認めた「梶山答弁」（88年）の記事が載っていないのか。

なぜ、朝日の訪朝団（92年）は拉致について北朝鮮側にただささなかったのか。

なぜ、横田めぐみさん拉致疑惑発覚（97年）の本記記事が見当たらないのか。

なぜ、家族会結成（97年）の記事が他紙より小さいのか。

きりがないので、やめる。

いくつかの「なぜ」は産経にもあるが、朝日、読売、毎日など他紙に比べれば、ずっと、ずっと少ない。

朝日は2002年12月27日付朝刊に《検証「北朝鮮拉致報道」―四半世紀の家族の願い朝日新聞はどう伝えたか》を見開きで掲載した。

幸い、取材に来た記者は好感の持てる若者だった。彼らが真摯に取材したことは紙面から伝わるが、朝日が拉致疑惑をどう報道してきたかという検証には、そもそも無理がある。どう報道しなかったか、なぜ報道しなかったか、という検証こそすべきだと思いますよ――。喉まで出かかった言葉は控えた。若い人に言っても仕方がない。

著名なコラムニストの取材を受けたのは07年だった。夕刊1面の連載《ニッポン人脈記》

で、大阪朝日放送プロデューサーの石高健次氏と元国会議員秘書、兵本達吉氏、私の3人を紹介している。写真は載ったが、この時も私の言葉は一行もなく、思わず笑ってしまった。

「北朝鮮による拉致問題に、はじめは官庁も政治家もマスコミもほとんど目を向けなかった。掘り起こしたのはごく少数のジャーナリストや議員秘書である」「78年、日本海の海岸などで3組のアベックが蒸発した。80年1月、産経新聞の阿部雅美が足で調べて『外国情報機関が関与?』と1面トップで報じた。だが政府も警察も反応せず、世間は『虚報』扱いした」(07年3月6日付夕刊)

連載タイトルに《安倍政権の空気》とあるのは、いかがなものかと思うが、他社からの好意的な紹介は最初で最後だった。

「朝日の1面に写真が載った産経の記者は、後にも先にもお前だけ。よほど悪いことでもやったか」

冗談好きの先輩にからかわれた。

思いもよらぬ扱いに腰が引けたこともあった。05年と記憶する。韓国系米国人女性、パティ・キムさんが産経東京本社を訪ねてきた。夫のクリス・シェリダン氏と2人で拉致のドキュメンタリー映画を製作する、という。どうせ使われないのだろうと、インタビューに応じた。米ワシントンから礼状が届いた。

「おかげさまで内容の濃いものになりました」

それきり忘れていたが、できあがった「ABDUCTION : The Megumi Yokota Story 邦

題・めぐみ―引き裂かれた家族の30年」が好評で、スラムダンス映画祭観客賞、サンフランシスコ国際アジアン・アメリカン映画祭最優秀ドキュメンタリー賞などを受賞したとの報に接した。
日本でも公開するというので社会部の中村将記者と試写会場の隅で見た。何と、自分が全体のナビゲーターのように、しつこく登場する。これはないだろう。慌てて会場から立ち去った。

前兆

過ぎし40年を振り返って思う。

拉致には前兆があった。それを見逃してきた責任は政府や警察だけではなく、マスメディアを含めた日本社会全体にあるのではないか。

保管してきた拉致関連資料の中に、宮城県多賀城市の渡邊春男氏による冊子『東北地方の日本海沿岸海域における北朝鮮工作船領海侵犯事件発掘記』がある。1961年から64年にかけて、山形・酒田海上保安部の巡視船「とね」に勤務した渡邊氏が、工作船警戒の軌跡をたどろうと自らの体験を記し、人々の記憶から消滅している当時の地方紙、全国紙地方版、雑誌の工作船関連記事を収集してまとめた労作だ。

《半世紀近くもの長い年月、工作船に我国の主権を蹂躙され続けて来た結果、拉致事件という非道な国家犯罪をも惹起《じやっき》した》《過去の事件として埋没させることなく、事実を広く社会に訴えたい思いから発掘記の作成に至りました》

２００３年、先に触れたフジテレビ系列の2時間ドラマ「北朝鮮拉致〝25年目の真実〟」で私のことを知り、手紙を添えて送ってくださった。

渡邊氏の冊子から、いくつかのことが分かる。

昭和30年代、北朝鮮工作員は能登半島より北方、特に山形県や秋田県の海岸に上陸することが多かった。海岸の地形、上陸後の交通の利便性に加え、東北地方第２の高峰、鳥海山《ちょうかいさん》（標高２２３６メートル）が、工作船が海上から日本に接近する際の絶好の目標になったためとされている。

密航事件は頻繁にあった。たとえば渡邊氏が勤務していた１９６３年には、日本海沿岸への水死体漂着や日本上陸後の摘発など半年間で8件あったという。

《度々の出動にもかかわらず、期待した成果をあげることはできませんでしたが、一度だけ工作船を発見して追跡しました》

海上保安庁の巡視船による不審船確認が過去21件であることは第四章で触れた。その第1号を63年6月の「山形県酒田沖」と書いた。実は、これが渡邊氏が体験した「一度だけ」に当たる事案だった。

63年5月31日、山形県唯一の離島、飛島《とびしま》の沖で不審な船を発見した漁船の乗組員が島の駐在所に通報した。北朝鮮の工作船である疑いがあった。工作員の送迎を行うのではないか

――。水際での捕捉を目指して「とね」は翌日、酒田南方海域へ向かった。

夜、レーダーで不審船をとらえると、「とね」は航海灯を消した。停留している不審船に50メートルまで接近。万一に備え、乗員は自動小銃を構えた。不審船は船名も漁船登録番号も付けていない。工作船の疑いが一層強まった。探照灯を照射すると、逃走を始めた。急発進、急加速、普通のエンジン性能の船ではない。サイレンを鳴らし、マイクで停船を命じる「とね」。応じるはずもなく、全速力で西へ向かった不審船は、やがて、うねりの波間に消えた。

「とね」の最大速力は13ノット（時速約24キロ）、対する不審船は19ノット（同35キロ）。極端な例えかもしれないが、バイクを自転車で追いかけるようなものだった。追いつくはずがない。国民は、あまり知る機会がなかったが、これが実情だった。乗員に非があったわけではない。国として、この程度の守りで、よしとしていたのだった。

あくまで、当時の話である。能登半島沖不審船事件（99年）、奄美大島沖工作船銃撃事件（2001年）を契機に、巡視船の性能、装備は格段にアップしている。

渡邊氏が収集した当時の地元の新聞記事などによれば、この不審船確認第1号の2カ月前には秋田・能代の海岸にゴムボートとともに筋肉質の頑強な体格をした工作員とみられる2人の遺体が漂着した。

昨今、日本海に多数遺体が漂着しているような漁船員ではない。旧ソ連製の軍用ピストル、無線機、乱数表のほか、日本円にして当時の換算で400万円にもなる米ドルを所持していた。日本での工作活動資金と推測された。
《この記録が些《いささ》かたりとも資することができれば幸甚》
そう書いた渡邊氏は10年、85歳で他界された。

38度線

拉致の前兆を見逃した日本社会について続ける。

海上では皆無だが、日本上陸後に警察に捕まった北朝鮮工作員は、たくさんいた。昭和30年代から今日までに、少なくとも100人以上はいる。彼らは、どうなったのか。

スパイ防止法などはないから、多くの場合、罪名は出入国管理法違反や外国人登録法違反だった。微罪だ。判決は懲役1年前後が通例で、執行猶予がつくことも珍しくはなかった。

判決後、北朝鮮には戻らずに韓国へ亡命したケースも少数あるが、8割以上は北朝鮮へ帰っている。うち半数近くは帰還船での帰国だった。行きは工作船、帰りは帰還船というわけだ。たとえ捕まったところで、たいしたとがめもなく、じきに祖国へ帰してもらえる。痛くもかゆくもない。検挙は何の抑止力にもなりえなかった。不法就労者ではない。工作員の話だ。

こうした、ゆるい、ぬるい状況を日本社会は放置してきた。北朝鮮の工作船や工作員の無法ぶりを問題視した形跡、たとえば国会で取り上げたといった動きは見つからない。

今はイカ釣り漁船の漂着でさえ全国ニュースで取り上げられる時勢だが、かつては工作員の摘発は主に地方紙や全国紙の地方版で報じられるだけで、よほど特異なケースでなければ全国に伝わることはまれだった。

マスメディアの不報と社会全体の甘さ。その背景の一つには、工作員たちが日本人に直接の危害を加えることは、まず、なかった、という側面もあったのだろうか。

「対南（韓国）工作の拠点は日本にある」

大韓航空機爆破事件の実行犯、金賢姫元工作員は第三章で紹介した産経とのインタビューでそうとも語っていた。亡命工作員の安明進氏も同様の発言をしていたと記憶する。朝鮮半島の赤化統一を目指す北朝鮮にとって、日本の果たす役割は決定的に重要だった。

もし北朝鮮の思惑通り事が進めば、影響は半島にとどまらず日本にも及ぶことは必至だったが、日本社会は無頓着だった。

この間、工作員の任務は変遷し、拡大した。当初は在日米軍や自衛隊に関する軍事情報の収集が主だったが、在日・在韓スパイ網「埋設」のための協力者「獲得」が加わる。やがて背乗り、拉致へ――。例えは悪いが、厳しく叱る者がいなければいたずらもエスカレートする。

日本人拉致は日朝首脳会談で金正日国防委員長が弁明したような、特殊機関による盲動主義、英雄主義で突然に始まったわけではない。金正日国防委員長自ら指示したという話は確認の取りようもないが、「北朝鮮の国家的意思が推認される」（警察庁の国会答弁）事件だ。

繰り返された工作船密航の延長線上で念入りに時と金をかけて計画され、実行された。早い段階で前兆をキャッチし、海の備えを強め、工作員に重罰を科すといった策を講じていれば拉致へのエスカレートを食い止めることができたのではないか。そう書くことは簡単だが、日本社会はそれを怠った。

日本の北朝鮮への寛容さが突出していたことは事実だが、特別だったとも思えない。工作員を使って他国で韓国閣僚らを爆殺（ラングーン事件）したり、国際航路の航空機を爆破（大韓航空機爆破事件）したりする国際テロを繰り返してきた一方で、北朝鮮は、日米韓やフランスなどを除く百六十余の国と国交を結んでいる。

無知をさらすと、30年も前のシンガポール特派員時代、東南アジアの国々が当たり前のように北朝鮮と国交を持っていることを知って、驚いたことを記憶する。ただ、国交があることは必ずしも友好的であることを意味しないことも知った。

ソ連（当時）、東欧の国々は有本恵子さんら欧州ルートでの拉致事件でも明らかなように、北朝鮮工作員の出入り口の役割を果たしてきた。恵子さん拉致に関与した八尾恵・元スナック店主に限らず、「よど号犯」グループの多くが、この出入り口を利用して欧州で暗躍した。

西欧諸国や米国にとり、北朝鮮は極東の「遠くて遠い国」だ。核・ミサイル問題が深刻化して自国に直接的な脅威が及ぶ事態にでも至らなければ、ベールに包まれた北朝鮮への関心はほとんどなかった。寛容というより、気にも留めていなかっただろう。

こんなに近い日本社会の視線さえ、北緯38度線を越えることはなく、無法行為を、いわば〝黙認〟してきたのだから。

棘

政府、政治家たちの不作為は改めて取り上げるまでもない。

本書では共産党議員の拉致関連国会質問を、いくつか取り上げた。なぜ共産党議員ばかり取り上げるのか、疑問に思う読者もいるだろう。紹介しようにも、横田めぐみさん拉致疑惑発覚、政府による被害者認定があった97年以前の他党議員の、これといった質疑は見当たらない。共産党にも急ブレーキがかかったことは前述の通りだ。

拉致問題を解決することができるのは政治の力以外にはない。相手がいかなる国であれ、世論をバックに、あらゆる手段を講じて事態の打開を策し、北朝鮮工作員によって理不尽にさらわれた人々を取り戻す――。与野党を問わず国民から信託を受けた政治家、外交を担う政府の仕事だろう。不作為どころか、ひどい言動が山ほどあった。

最後は、マスメディアの責任に戻らなければならない。東西冷戦時代の社会主義国への漠とした幻想と共感、皆で無視していれば怖くない式の奇妙な連帯、政府・警察の広報を報道のメインとする発表ジャーナリズム――。初期の拉致報道（しないこと）には当時の多くの日本メディアを覆っていた負の側面が凝縮されていたように感じる。

です〉

〈拉致事件は未解決、現在進行形であり、重要なのは過去のあれこれではなく、これから、

機会あるたびに、そう話してきたが、メディアに携わる者は拉致報道（不報）の異様な経緯を人ごとのように忘れ去ってはならないと思う。

小泉訪朝、被害者5人の帰国――事件発生から二十余年にわたって動く気配さえなかった事態が急展開した背景には平壌宣言をめぐる政府間の水面下の駆け引き、北朝鮮側の打算もあっただろうが、「八尾証言」（2002年）を機に競って拉致報道をするようになったマスメディアの力も働いた――メディアの一隅で多少の汗を流した者として、そう思いたい。

北朝鮮は日本国内の報道を〝監視〟し、敏感に反応した。産経を繰り返し口汚く罵《ののし》ったことでも、それは分かる。早い段階から、メディアがこぞって報じていたら、どんな反応を示しただろうか。

わが身を振り返ると、反省すべきことが少なくない。新聞記者として最も重要な、事実に迫る努力を尽くしただろうか。悔いもある。もっと早く有本恵子さんら欧州ルートの拉致を取材し「よど号犯」グループの関与を報道することができたのではないか。

そうすれば、もっと早く世論が形成され、国会も政府も動いたのではないか。もっと多くの被害者の帰国を実現できたのではないか。

最大の後悔は、やはり「梶山答弁」のあった1988年3月26日を「メディアが死んだ日」にしてしまったことだ。大転機を、みすみす逃してしまった。

後年、産経以外の新聞、テレビの若い記者たちとも知己を得た。梶山答弁をメディアがそろって無視した話をすると「ありえないな」「ひどい話だ」と異口同音だ。「ひどい話」に加担した私には弁明の言葉がない。

報じないという選択が時に正しいことを否定しない。抑制的な報道の大切さも否定しない。しかし拉致での繰り返しの不報は、そうした言葉で正当化できるものとは到底思えない。

メディアの不報が問題視された例は、あまり知らない。第二章で紹介した共同通信社「報道と読者」委員会での元最高検検事、土本武司氏の発言ではないが、あの時、一斉に報道し、継続して執拗《しつよう》に取材を進めていたならば、拉致に逆風が吹いた空白の9年（88年から97年の第2氷河期）はなかったのではないか。

産経は「梶山答弁」を掲載した、といってもベタ（1段）記事だ。ベタであっても、載っているか否かは大違いだが、棘《とげ》に刺されるような痛みがずっと続いている。その棘を抜きたい。本書を書き始めた理由の一つだったが、このまま抜かずにおこうと、今、思い直している。

40年といっても、拉致取材に費やした時間はわずかだ。忘れかけた時期もあった。一日たりとも安息の日を持てなかった、今も持てずにいる横田滋さん、早紀江さん夫妻、有本明弘さん、嘉代子さん夫妻ら被害者家族の心中を思えば、私の痛みなど、いかほどのものでもない。

市井の人々の喜怒哀楽に触れ、読者に伝えたい。新聞記者を志した動機は単純だったが、この4つは均等にはやってこない。拉致事件に限れば「怒」と「哀」ばかりだった。ちょっぴりの「喜」は確かにあったが「楽」は一度としてなかった。

2018年3月4日、横田家を訪ねた。十数年ぶりの再会。私の最後の拉致取材になる。

第六章

横田家の40年

2018年３月、横田さん夫妻と再会した

大きな組織

横田滋さんは杖《つえ》を手に、早紀江さんに支えられながら、ゆっくりゆっくり歩く。急に足腰が弱り、言葉が出づらくなって、自分が思った言葉を組み立てることができなくなってきたそうだ。

「（滋さんの変化に）びっくりなさったでしょう」

早紀江さんへの約2時間のインタビュー中、滋さんは傍らで時折、笑みを浮かべていた。滋さん85歳、早紀江さん82歳。

横田家の40年には忘れ難い日が2つある、と以前に聞いた。

1977（昭和52）年11月15日。めぐみさんが、いなくなった日だ。97年1月21日。元参議院議員秘書の兵本達吉氏から、めぐみさんが拉致されて北朝鮮で生きている、と電話で知らされた日だ。

この間、20年――。事件か、事故か、家出か、自殺か。何も分からないまま、暗く、長いトンネルの中にいた。

「発狂しそうでした。本当に悲しくて。絶叫しながら浜辺を走ったり、ふらふら街をさまよったり。いろいろな人に、いろいろなことを言われて。苦しくて、死にたいと思うぐらいだった」

何が早紀江さんの支えだったのか。

「それは祈りです。祈って、祈って、信じて、信じて、待つ。めぐみちゃんがいなくなってから7年かかりましたが、洗礼を受け、はっきりと覚悟ができました。自分を見失わずにすみました。たとえ不幸な結果になろうと、私とめぐみの魂は安らかに出会えると――」

滋さんは違っていたそうだ。

「主人は、めぐみが一人苦しんでいるのなら、自分も苦しみに耐えなければならない。何ものにもすがることなく、めぐみの帰りを待ちたい。安らぎたくない。そう言っていました。（当時は）仕事があるから、忘れられる場所があるんですよ」

娘を思う父母の気持ちに違いはなかった。

新潟時代、早紀江さんは短歌を作るようになった。

《はろばろと　睦《むつ》み移りし雪の街に　娘を失いて海鳴り哀し》

滋さんの前任地、広島から新潟へ。両親、めぐみさん、双子の弟たち、親子5人のにぎやかな団欒《だんらん》から、めぐみさんが、ふっと欠けた。

《巣立ちし日　浜にはなやぐ乙女らに　帰らぬ吾娘の名を呼びてみむ》

めぐみさんが通っていた、出席するはずだった寄居中学の卒業式当日の歌だ。

80年の正月だった。アベック拉致を初めて報じた産経新聞を近所の人が見せてくれた。それを手に産経の新潟支局へ行き、その足で新潟中央署にも寄った。どちらも同じ見解だった。

「13歳ですからね、そうじゃないと思いますよ」

もしや、ウチの娘も——とは思ったが、1面の見出しにあった「外国情報機関」の「外国」が北朝鮮とは考えもしなかったそうだ。

「双子の弟たちが高校生のころでしたか、哲也（次男）が『お母さん、あんなに元気だった子が突然、パッと家の前で消えて、こんなに長い間、何も分からないというのは、よっぽど大きな組織というか、歯車の中に入れられてしまったのではないか』と言ったんです。その通りでした」

相手は、とんでもなく大きな組織、歯車だった。

87年暮れ、めぐみさん拉致疑惑が発覚する10年も前のことだった。大韓航空機爆破事件の実行犯、金賢姫元工作員がソウルへ連行された。自殺防止のため口をふさがれ、両脇を捜査員に抱えられて飛行機のタラップを下りる姿に、はっとした。

「言わずにきましたが、実は、あの瞬間、まさか、もしかしてだけど、めぐみちゃんじゃないのかなと。それぐらいに思ったんですよ。めぐみちゃんも、こんな目に遭っているんじゃないか、って」

めぐみさんと金元工作員とは2歳違いだった。日本人「蜂谷真由美」名の偽造旅券の女は何者なのか。ソウル連行時には、まだ分かっていなかった。

消耗

早紀江さんの話は続く。

「本当に不思議なことがあるものなんだなぁ、とびっくりしました」

あの日、97年1月21日のことだ。

「私は外出していました。（キリスト教の）祈りの会があって。どうか、めぐみちゃんの姿を見せてください、どこにいるか教えてくださいと必死で祈ったんです。そうしたら、家に帰ってきたら、そうなっていて。とにかく驚きました」

「そうなっていて」とは、面識もなかった兵本達吉氏からの電話で、留守番していた夫の滋さんが議員会館へ急行。娘の居場所が北朝鮮である可能性が突然浮上したことを指す。

「半分は『はー』という感じ、半分は『本当にそんなことがあるんですか』という感じ。半分半分ですよね。頭の中が混乱しました」

わけの分からないトンネルの先に、めぐみさんの弟、哲也さんが言った「よっぽど大きな組織」の正体が見えてきた。

娘は拉致という、とんでもない犯罪に巻き込まれて北朝鮮にいる——。間もなく亡命工作員、安明進氏が現れ、平壌でのめぐみさん目撃を証言した。

親がすべきことは一つしかなかった。助けることだ。それがかなわない。ようやく抜けた闇の先に、またトンネルが待っていた。

「正直、最初の20年以上に苦しかったですね。何も分からない、より、分かっているのに何もできない方がつらいんです。別のつらさです。今が一番しんどいですね。心身ともに消耗してきて、思うように動けない。イライラします」

97年1月の最初の取材以来、横田滋さん、早紀江さん夫妻とは何度もお会いした。めぐみさんが実名報道されることに強い懸念を抱いていた早紀江さんは、97年2月に産経が最初に「横田めぐみ」と実名で報じたことを、本心、どう思っているのか。ずっと気にかかっていた。早紀江さんから何かを言われたことも、こちらから問うこともなかった。最後の機会なので尋ねた。

「怖かったですよね。北朝鮮って大変な国だと聞いていたし、兄弟たちは『そんなこと（実名報道）をしたら、（めぐみさんが）殺されちゃう、ダメだよ』と。私もそう思っていました。でもお父さんは『ここまで分からなかったんだから、ここで何もやらなかったら、ずっと分からないままになっちゃう』と言って、意見は分かれていましたね」

――今、どう思いますか
「（実名の方がいいという）お父さんの判断で正しかった、よかったと思います。大きく動いてきましたから。最後の形までには至っていませんが、北朝鮮のひどさが全世界に分かったわけですから」

――了解を取らずに、実名で報道しました

「それは、そうしていただかなければ、誰かが動いていなければ、こんな大きな問題は動きませんよ。当時、あれだけ動かなかったことが、一つの報道を通して動き始めた。でも私にはそんなこと、分かりませんでしたもの。普通のお母さん、おばあちゃんですからね。あの頃は、まだおばさんだったけれど（笑）」

家族会結成当時の話になった。

「兵本さんも、石高（健次・元大阪朝日放送プロデューサー）さんも、お元気のようですね」

救出運動を始めたころのことを述懐する。

「だれにも北朝鮮の実情を信じてもらえない時期がありました。署名の看板を『こんなものなんだ！』とたたき落とされたり、『本当に拉致なんてあるんですか？』と言う人もいました。２００２年に被害者５人が帰ってきて、ようやく信じてもらえた」

めぐみさん拉致疑惑発覚でも、日本社会はたいしたことにはならなかった、と先に書いた。そのころの話だ。

滋さんは、黙って早紀江さんの話に耳を傾けている。

「（話の内容は）分かっていると思いますよ」

濃厚な足跡

滋さん、早紀江さん夫妻は請われるまま、全国の講演会へ足を運んだ。延べ1400カ所、とんでもない回数だ。拉致問題解決への国民の支援を呼びかけ、拉致を風化させないで、被害者たちのことを忘れないで、と訴え続けてきた。事件さえなければ、穏やかな老後をすごしている年齢だった。

「中学校で講演すると、生徒さんは純粋ですからね。涙を流して聞いてくれるんです。私はもう、新潟でさんざん泣いてきたから、最近は涙も出ません」

四国や北陸で、ご一緒したことがあった。その度に、労《いた》わり合って歩く夫妻の後ろ姿を見送りながら心打たれた。親は子のために、これほどまでに身を削れるものなのか——。そんな印象を持った、と言いかけると、早紀江さんに「それは違いますよ」と遮られた。

「親は、だれでも、そうなると思います。やりますよ。気が狂うほど。絶対に。そうなっていらっしゃらないから、そう思われるだけで。ご自身、そういうお立場、私の立場になれば、きっとそうされると思います」

自分たち夫婦が特別なわけではない、という。

確かに、初めてお会いした家族会結成（1997年）のころは、ごく普通の優しい父母にみえた。やがて変わった。時に1千人、2千人を超す聴衆に語りかける。たとえ相手が大物政治家であろうと、米国大統領であろうと、臆することはなかった。何度、記者会見の場に臨んだことだろうか。カメラの放列にも動じない、強い父母だった。

早紀江さんという人は、一体、どういう方なんですか――。そうした問い合わせを、私も幾度か受けた。

「よく聞かれました。手紙もいただきました。学校の先生でもされていたのですか、って。困ってしまうんですよ。私なんて、いつも周りを頼りにしているような人間だった。そんなことできる人ではないんですよ。（生まれ育った）京都の地元の人たちは一番よく知っているから『あなたは何をやっているのよ』って（笑）」

「たくさんの人の前で話すなんて、絶対に好きじゃないし。こんな人生、思ってもみなかったですよ。なんで、こんな力が出たんだろう、というか。でも、そういう時になったら力が与えられるし、言葉が与えられるし、やっぱり、神様はいるんだなと思いますよね」

こうも言った。

「（拉致被害者らが）かわいそうなだけじゃなく、『こんなこと（北朝鮮への拉致）が、この平和の中で、パッとやられてしまうのか』という現実への悔しさがあったように感じます。そたくさんの人が次から次へと北朝鮮に連れて行かれ、何も分からないままにされている。そんな人生を歩まされている。それで本当にいいんですか、という怒りが大きな力になりました」

小泉純一郎首相が訪朝した２００２年９月17日。外務省の飯倉公館に被害者家族たちが呼ばれ、何の確認作業も行われていない安否情報なるものが、それぞれの家族に「宣告」されたことは先述した。

「残念ですが、娘さんは亡くなっておられます」

直後の衆院第1議員会館での記者会見を思いだす。

涙にむせて言葉が詰まった滋さんのマイクを取った早紀江さんは、前を見据えて国民に呼びかけ、決意を語った。

「これまで長い間放置されてきた日本の若者たちの心の内を思ってください。私たちが力を合わせて闘ってきたことが、（拉致事件という）大変なことを明るみに出した。これは日本にとっても、北朝鮮にとっても大事なことです。そのために、めぐみは犠牲になり、使命を果たしたのではないかと感じています。いずれ人は皆死んでいきます。めぐみは本当に濃厚な足跡を残していったと思う。（中略）私は、まだ、めぐみが生きていることを信じ続けて、闘っていきます」

会見場から、すすり泣きが漏れた。

さまざまな犯罪を取材してきたが、被害者の肉親から、こんな言葉を聞いた記憶がない。あの状況下で、これほど気丈に話せる人を、あまり知らない。

「いろいろあって、練られたのかもしれませんよね」

滋さんは家族会代表として会の円滑な運営に心を砕き、元日銀マンの几帳面《きちょうめん》さで夜遅くまで会の経理処理にあたった。

両親が刻んできた日々も、また、濃厚だった。

不思議な国

滋さん、早紀江さん夫妻は、キム・ウンギョンさんが孫娘と分かって喜んだ。もし訪日が実現したら、東京ディズニーランドへ連れて行ってやろう、京都を案内しようかしら——。

02年10月、日本の新聞、テレビ計3社が平壌でインタビューした15歳のウンギョンさんは「9・17」で日本政府関係者から聞くまで母親が日本人とは知らず、「拉致」という言葉を聞いたこともなかったという。首都は東京。日本について知っていることは、それだけだった。

インタビューでウンギョンさんは、祖父母に北朝鮮へ来てほしい、と涙ながらに繰り返し訴えた。背後に北朝鮮の思惑が透けてみえた。

「顔も分からないのに、どうしてこちらから行けるでしょうか。こちらに来てほしいと思います」「なぜ、おじいさん、おばあさんが来てくれないのか分かりません」

孫に会いたくないはずがない。しかし北朝鮮で会えば、ウンギョンさんが「お母さんは死んだ」と言わされる恐れがある。「めぐみさん死亡」が既成事実化され、拉致問題全体の幕引きに使われかねない。夫妻は慎重にならざるをえなかった。

外交ルートで調整の末、第三国のモンゴル・ウランバートルでの面会が実現したのは14年

3月。「9・17」から12年後のことだった。ウンギョンさんは26歳。結婚し、幼い女児を抱いていた。同行した夫は日本語を上手に話した。

「(北朝鮮側の関係者もいる公式の面会の場では)お母さんは生きているの？とか、そんなこと聞けないでしょう。向こうも言えないと思います。だから帰りぎわに言いました。『おばあちゃんはね、お母さん、めぐみちゃんは絶対に生きていると信じているのですよ。36年も捜し回っているんですよ』って。かなりショックだったようです。知らなかったのか、どうか。(母親が)拉致された人、というのも聞いていなかったかもしれないし」

「36年……」

ウンギョンさんはため息をつくように、そうつぶやいたという。

「そうですよ。希望を持っています、希望なんですよ、と。それだけ言って別れました。彼女は黙って聞いていました」

——その後、音信は
「ありません。はっきり外務省に申し上げました。『ウンギョンちゃんに会えた。これで私たちはもう、何も言うことはありません。こんな元気な孫とひ孫に会わせてもらっただけで十分ですから』と。あとは、めぐみちゃんたち被害者全員が帰ってきて家族と再会して——。それまでは、これでいいです、と」

早紀江さんがメディアや政府を批判するのを、私は耳にしたことがない。めぐみさん拉致疑惑が発覚する10年近く前に、国会で北朝鮮による拉致に言及した「梶山答弁」がありながらメディアは報じず、政府も何もしなかったことについて尋ねた。

「新聞はちゃんと報道してくださっているものだと思っていたので、信じていたので。政府も信じていました。今でも信じていますが、本当に信じてよかったのかな、なんていらぬことまで言ってしまったりしていますけど。後から思うと、新聞だけじゃなくて、日本の国家自体がまずいことになっていたんだなと。警察も含めて、政治家も含めて、今でもそうですが、のんびりしているんだなと。小島さん（晴則氏＝注・新潟で支援組織を最初に立ち上げた人）がよくおっしゃっていましたが、本当に平和ボケしているんだなと。その意味がやっと今、分かった気がします。不思議な国だなと、情けないくらいに思います。日本という思いがなくなっちゃって。悲しいですよ。その犠牲になっているわけですから。拉致問題が解決されない日本って、絶対に、おかしいですよ」

——これからは
「もう家族はやれることはすべてやり尽くしたと思っているんです。後は政府がなさることではありませんか」

めぐみさんは東京オリンピックの年（１９６４年）に生まれた。また、オリンピックが東京に来る。

「そうなんですよね。それまでに、ね」

北朝鮮側の意向を受けて、トランプ米大統領が史上初の米朝首脳会談を受諾したのは、このインタビューから数日後だった。

あとがき

本書『メディアは死んでいた　検証 北朝鮮拉致報道』は２０１８（平成30）年１月７日から4月21日まで産経新聞オピニオン面に89回にわたって連載された《私の拉致取材　40年目の検証》に加筆したものである。

40年前、思いもかけずに拉致事件を発掘し、21年前、横田めぐみさん拉致疑惑を初報することになった一新聞記者が取材の経過を辿り、産経を含めたマスメディアが拉致を、どう報じたか、報じなかったか、事実に即して自戒を込めて綴った。拉致との関りの中で個人的に興味を抱いた事象についても随時、触れさせていただいた。

読者からの反響で最も多かったのは、本書で繰り返し触れた《メディアが死んだ日》についての質問だった。

１９８８年３月26日。北朝鮮による拉致の疑いが十分濃厚――政府が8年前に産経が報じた一連のアベック蒸発に言及し、初めて北朝鮮の国名を挙げて国会答弁したにもかかわらず、この答弁を含む歴史的な質疑をメディアがこぞって無視、黙殺した。

そんなことが本当にあったのか、という驚きの反応もあり、この事実が意外に知られていないことを知った。書籍化にあたりタイトルを『メディアは死んでいた』とした理由の一つだ。

当日、国会・参院予算委員会の記者席にいた各社の記者に取材して《メディアが死んだ日》の真相を明らかにしてほしいという要望も、「あなたは何もしなかったのか」という叱責とほぼ同数寄せられた。実は20年前にも、15年前にも、それを試みかけたことがあった。しかし、報じなかったことについての他社への取材は至難だ。私の力には余る。《メディアが死んだ日》があったこと、この日の答弁内容を書き残すことで勘弁願いたい。

朝日新聞や共同通信のOBから提案、アドバイスもいただいたが、「北朝鮮はそんなこと（日本人拉致）はしない、と言い続けた（当時の社内の）○○らに筆誅を加えてほしい」という無理な注文もあった。

警察OBからは昔話と合わせて情報提供もあった。「実は、あの時――」。現役記者時代に教えて欲しかった。

ドキュメンタリーの命は事実にある。記憶違いや思い込みを排することに腐心した。富山、福井、鹿児島、新潟のアベック拉致・拉致未遂事件取材当時のノート「恋人作戦」、黄ばんだ新聞の切り抜きをはじめ、40年間の保管資料類がなければ本書は書けなかった。

数行の事実確認（ファクト・チェック）のために、筆者が暮らす山奥から東京・国会図書館、富山、石川、長野の県立図書館へ出かけ、久しぶりに「事実に迫る」新聞記者の楽しさを味わった。

幸いだったのは、97年の横田めぐみさん拉致疑惑発覚・被害者家族会結成後、本書に私の拉致取材の相棒のように登場する産経社会部の中村将記者が、連載開始に合わせたようにロサンゼルス特派員から東京本社に偶然、帰任して原稿の「受け」を担当してくれたことだった。現在、拉致を担当する同じく社会部の中村昌史記者にも事実確認でお世話になり、若い視点からのアドバイスももらった。なんとか脱稿できたのは、私より拉致に詳しい2人の中村君のお陰だった。

拙稿を読み返し、それにしても、と思う。私の拉致取材は、けっこう波乱万丈だった。

◯1979年秋、夜回り先で「日本海の方で変なことが起きている」と聞く。

◯図書館で北日本新聞の「逮捕監禁・暴行傷害（アベック拉致未遂）事件」記事に出会う。

◯新潟・柏崎でタクシー運転手に3件目のアベック拉致被害者宅（蓮池家）を教えられる。

どれが欠けても80年1月の《アベック3組ナゾの蒸発　外国情報機関が関与？》の記事はなかった。

◯1987年の大韓航空機爆破事件と翌年の金賢姫証言。

◯兵本達吉氏（元共産党議員秘書）からの電話。

◯97年1月の異動挨拶で訪ねた議員会館で横田めぐみさん拉致疑惑の端緒に触れる。

私が意図したことは何もない。本書を書くきっかけも偶然だった。産経退職から10年近くが経つというのに、昨年1月、NHK・BSプレミアム「アナザーストーリーズ」の撮影で雪の中、連れていかれた新潟・柏崎市の中央海岸で日本海を眺めているうちにスイッチが入ってしまった。

拙稿の序文に書いた。

『どう取材したか、しなかったか、どう報道したか、しなかったか、が正しく記憶されるべきではないだろうか。なぜならば、それらをも含めて拉致事件と考えるからだ』

拉致事件の存在を知った時期に、人により20年もの隔たりがある、隔たりができてしまった。その異様さをメディアの不報と合わせて読み取っていただければ幸いだ。

最後に、産経紙面への連載打診に背中を押してくれた熊坂隆光産経新聞社社長（現会長）、出版の労を取ってくれた皆川豪志産経新聞出版社長に感謝します。

筆者

本書は２０１８年1月7日から４月21日まで産経新聞オピニオン面に連載された《私の拉致取材　40年目の検証》に大幅に加筆したものである。

政府が認定した 12件17人の日本人拉致被害者

帰国した被害者
未帰国被害者
❶1977年9月19日 石川県で拉致 久米裕さん (93歳・当時52歳)
❷1977年10月21日 鳥取県で拉致 松本京子さん (69歳・当時29歳)
❸1977年11月15日 新潟市で拉致 横田めぐみさん (53歳・当時13歳)
Ⓐ1978年6月ごろ 欧州に出国後拉致 田中実さん (68歳・当時28歳)
Ⓑ1980年5月ごろ 欧州で拉致 松木薫さん (64歳・当時26歳) 石岡亨さん (60歳・当時22歳)
Ⓒ1983年7月ごろ 欧州で拉致 有本恵子さん (58歳・当時23歳)
日本海
1978年6月ごろ 拉致場所不明 田口八重子さん (62歳・当時22歳)
❹1978年7月7日 福井県で拉致 地村保志さん (62歳) 地村富貴恵さん (62歳)
❺1978年7月31日 新潟県で拉致 蓮池薫さん (60歳) 蓮池祐木子さん (62歳)
❻1978年8月12日 新潟県で拉致 曽我ひとみさん (58歳) 曽我ミヨシさん (87歳・当時46歳)
❼1978年8月12日 鹿児島県で拉致 市川修一さん (63歳・当時23歳) 増元るみ子さん (64歳・当時24歳)
❽1980年6月中旬 宮崎県で拉致 原敕晁さん (81歳・当時43歳)

※年齢は2018年4月末現在

阿部雅美（あべ・まさみ）

1948年、東京生まれ。72年、産経新聞社入社。社会部、整理部、文化部、シンガポール特派員などを経て、東京、大阪本社社会部長、サンケイスポーツ編集局長、東京本社編集局長、常務取締役、産経デジタル社長を歴任。
96年、長期連載「未来史閲覧」で、97年、「北朝鮮による日本人拉致疑惑17年を隔てた２件のスクープ　『アベック連続蒸発』→『横田めぐみさん』」で、それぞれ新聞協会賞を受賞。

メディアは死んでいた — 検証　北朝鮮拉致報道

平成30年5月28日　第1刷発行

著　　者　阿部雅美
発 行 者　皆川豪志
発 行 所　株式会社産経新聞出版
〒100-8077 東京都千代田区大手町1-7-2 産経新聞社8階
電話　03-3242-9930　FAX　03-3243-0573
発　　売　日本工業新聞社
電話　03-3243-0571（書籍営業）
印刷・製本　株式会社シナノ
電話　03-5911-3355

ISBN978-4-8191-1339-7　C0095
